1日3分！

頭がよくなる子どもとの遊びかた

「かしこい塾の使い方」主任相談員
小川大介
Ogawa Daisuke

大和書房

はじめに

「すべての子どもはそれぞれの天才をもっている」

「子どもが3歳なら親もまだ3歳」


子育ての講演会で私が必ずお伝えする言葉です。そしてもう一つ、

「子どもは自ら育つ力をもっている」

この言葉も必ずお届けしています。


わが子の人生が幸せなものであってほしい、だから、わが子には賢く健やかに育ってほしい。親であればだれもが望むことだと思います。よいと思うことをあれもこれもしてあげたくて、気がつけば「やらせる」ことに必死になっているときもあるでしょう。

私自身、小学生の息子の親として、その思いが痛いほどわかります。

ただ同時に私は、中学受験指導のプロとしてこれまで5，000組以上のご家庭との10，000回を超える個別面談を通して、頭のいい子、あと伸びする子の、幼児低学年時期の育ち方に数多く接してきました。

つまり、子どもが賢く健やかに育つには、何が本当に大切なのかを実地で学びながら、自らの子育てに向き合ってくることができたのです。

だからこそ、自信をもってお伝えします。

頭のいい子に育ってほしいなら、与えて伸ばすことに必死になる必要はありません。

「子どもと一緒に遊ぶ」、これだけで十分です。

今の時代は、「子育ては親の責任」という主張があまりに強くなりすぎて、真面目なお母さんほど一生懸命になって、子どものすべてを背負おうとしているようです。

とても大変な思いをしたり、やりきれない自分を責めたりしているお母さんがたくさんいます。

子どもに全力で愛情を注ぐことは尊いことです。いくらでも注いであげましょう。でも、「もっとしてあげなくちゃいけないのに！」と自分を責めるのは間違いです。子どもは自分で育つ力をもっています。どんな子も必ず伸びるタイミングがあります。

子どもがもつ最大の力とは「遊ぶ力」です。自分の心と体が動くままに、楽しめるままに、いろんなものに触れ、いろんなことを体験する。そうして遊ぶ中で、自分の頭の使い方と心の使い方を学んでいきます。興味があるものを触ってみる、なんで？と不思議に思う、組み上げてみる、壊してみる、眺めてみる、すべての体験が子どもの頭と心を刺激してくれます。

子どもは本来、遊びながら学ぶことで育つのです。

そして、子どもはママの笑顔が大好き。笑顔のママから与えられた言葉で、子どもは自分を理解していきます。すごいね、楽しいね、と言葉をかけられると、自分はこれが得意なんだ、好きなんだと自信がもてる。自信がもてるからどんどんやってみようという「やる気」がわいてくる。たくさんやるから、得意になります。

子どもが本来もっている伸びる力を親が信じて、一緒に遊んで、一緒に喜べばいいのです。ママの笑顔を見て、子どもはまた育っていきます。

この本には、子どもが本来もっている学びの力を自然と伸ばしてくれる「遊び」を、たくさん収めました。忙しい日々、すべてをやろうと思わなくても大丈夫です。目次を見て、気になったページを開いてください。3分あれば遊べます。一緒に遊んで、すごいね、楽しいねと声をかけてあげてください。

そして、子どもと一緒に遊べた自分も褒めてあげましょう。

目次

3章 「数、ことば」の遊びで勉強を3年前倒し

数をツールにして遊ぶ　〜数字好きへの近道〜

ことばで遊ぶ　〜視覚と聴覚のダブル刺激で定着が早くなる〜

ことばカードで遊ぶ　〜語意を知り、世界とつながる〜

ことばをツールにして遊ぶ　〜一歩先いく語彙力〜

4章 「おてつだい、単位、時計」の遊びで経験を豊かに

5章
「お買い物、おでかけ」の遊びで視野を広げる

6章

「アプリ、ゲーム、宿題」の遊びで自立心を確かなものにする

7章 ママのお悩みQ＆A

1章

頭のいい子に育てたいなら〝遊びに熱中〟させましょう

あと伸びする子は、幼児期にたっぷり遊んでいる

わが子の「熱中力」を育てよう

私はこれまで、中学受験専門の個別指導教室を主宰し、さまざまなご家庭の教育相談を受けてきました。勉強のやり方がわからない、宿題がこなせない、苦手科目が克服できない。いろいろなご相談がありますが、一番多いのが高学年になってから成績が伸びなくなったという悩みです。一概にはいえませんが、そういうお子さんの多くが、小学校低学年から進学塾に通い、目標をもってがんばってきた子たちです。

その子を仮にAちゃんとしましょう。Aちゃんは、学校の勉強と塾の勉強を両立させ、たくさんの宿題をこなしながら力をつけてきました。親御さんも精一杯のフォローをしてきました。しかしながら、Aちゃん、4、5年生あたりから「あれ?」という成績を取りはじめるのです。それまでずっと優秀だったのに、まったくというほど伸びなくなってしまい、受験は苦戦を強いられることになります。

その対極といえるのが、4年生の途中から入塾したBちゃんです。

最初こそ、親子ともども「授業についていけません！」と頭を抱えていましたが、あれよあれよという間に力をつけ成績は急上昇。「この子は虫が大好きで、これまで週末や長い休みは遊び優先で過ごしてきたから、今さら勉強してももう遅いのかも」という親御さんの心配をよそに、志望校をランクアップして難関校に挑む意欲を見せはじめます。

まだ小さなお子さんを子育て中の親御さんは、いきなり中学受験の話題で驚かれたかもしれませんね。でも、ちょっと一緒に考えてほしいのです。AちゃんとBちゃんの差は何だと思いますか？

たくさんのご家庭を見てきた経験から、私は一つのキーワードを発見しました。それが「熱中力」です。

小さい間にどれくらい熱中体験をしているか。実はそれが、頭のいい子に育てる最大の条件なのではないか。将来、受験で勝つ子に育つというだけにとどまりません。自分の能力や才能を、自分の望む分野で思う存分に発揮し、幸せな人生を送るための最大の条件なのではないかと考えています。

遊んでいるとき、「学びのセンサー」は全開！

気づいたら時を忘れるほど何かに熱中していたという経験は、どなたにもあると思います。「好きでたまらない」ということもあれば、「なんとなくはじめたらハマった」ということもあるでしょう。心躍る状態というのは楽しいものです。楽しいからまたやろう、もっとやろうという気持ちになります。

子どもにとってそれは何かというと、「遊び」です。

そもそも遊びって何でしょう？　「おもちゃや知育玩具を使うこと」。確かにそうですね。「子どもの情操教育によいもの」。これもうなずけます。どちらも遊びがもつ要素ですが、私は次のように考えています。

「遊び」＝「子どもがイキイキしている状態」

楽しくてノリノリで、気分がアガる。あるいは、恐ろしいくらいに集中し、世界に浸り切っている。つまり、子どもの心と体が一緒に動き、全身で夢中になり、生命力があふれているその状態こそが「遊んでいる」ということなのです。

最大級に熱中しているときに見たもの、聞いたもの、触れたものを、子どもはめちゃくちゃ覚えています。

たとえば、公園で走り回っていたかと思ったら、いきなり家に帰って図鑑を開き、「わかった、○○だったんだ！」などと言い出す。あれは一瞬だけ目に留まった虫の形や色を覚えていたわけです。

迷路で遊んでいたら、いつの間にか右左の感覚を覚え、「右」と「左」がわかるようになった。スーパーのチラシを一緒にチェックしながら買い物リストをつくっていたら、「今日は2350円だよ」などと予定合計額を計算してくれるようになった。

夢中で遊んでいるとこうしたことが次々と起こり、ものすごい勢いで体験と知識がつながっていきます。つなげようとしているからつながるのではなく、イヤでもつながってしまうのです。

つまり遊んでいるとき、子どもの心身は学ぶことに対して自然にウエルカム状態になっているわけですね。もっと言えば、遊んでいるという状態は、学びのセンサーがオンになっている状態です。では、そこに、勉強のエキスを一滴たらしたら……？

子どもは遊びながら、何も特別なことではないように賢くなっていきます。

いざというときがんばれる子に

子どもは、生まれながらにして好奇心のかたまりです。世の中のすべてが不思議で興味深く、「あれって何?」「どうしてこうなるの?」と知りたいことだらけ。成長するにしたがって、お子さんの好きなものがわかってきたらチャンスです。いろんな遊びを親子で楽しみ、ご自身が最高の遊び相手になってあげましょう。

子どもは、お母さんとお父さんが大好きです。愛情を感じながら、自分が好きなことをして遊ぶというのは、ほかの何にもかえがたい安心感と幸福感をもたらします。ですから、プラスの感情をベースにもちながら、幼児期にたっぷり遊んだ子はあと伸びします。先のBちゃんが典型例です。「お腹いっぱいになるまでやったぞ!」。そんなふうに思えるところまで没頭し続けた経験があると、将来いざ興味のスイッチが入ったとき、やり遂げようという力が湧いてきます。今が勝負どきだというとき、集中して力を発揮できます。ちょっと失敗したくらいでは、心は折れないのです。

だったら、幼児期にたっぷり遊んでおいたほうが得ですよね。そこで本書では、どのご家庭でも今すぐ実践できる遊びを具体的に紹介していきたいと思います。

「勉強と遊び」は分けなくていい

おもちゃで学べるし、勉強道具で遊ぶこともできる

小さいお子さんをおもちの親御さんが思い浮かべる「遊び」といえば、積み木を思い浮かべる方も多いでしょう。昔からよいとされている「遊び」道具ですが、これは「勉強」のツールでもあります。

小さいうちは、積み上げてガッシャン！　で楽しめますね。さて、もうすこし大きくなったとき、一体どうやって遊ばせればいいのだろう？　と悩んだら、「ひたすら直線並べ遊び」という手があります。

家のなかで、長く長くつなげて並べてみるのです。すると、廊下は積み木何個分だなどということがわかります。たったこれだけのことなのですが、「□□は積み木○個分」と知ることで、「測る」という感覚が養われていきます。積み木は、立体感覚や図形感覚が培われるというメリットに加え、実は、将来の単位学習の入口になるの

です。

逆に、定規といえばどんなイメージでしょう。ただの文房具だとか、勉強の助っ人アイテムという感じだと思います。しかしこれは、使い方しだいで有意義な遊び道具にもなります。詳細は4章でお話ししますので、期待していてください。

今、わかりやすいツールを二つ挙げましたが、一般的には積み木は遊び、定規は勉強というふうに、目的が異なるものとしてとらえられています。その証拠に、小さい子に定規を遊び道具として渡してあげる親御さんはほとんどいないでしょう。私からすると、それが不思議でなりません。

おもちゃが勉強の入口になることがあるし、勉強道具がお気に入りの遊び道具になることもあります。ここをうまくつなげることができると、ふだんの家庭が子どもの知的好奇心を育てる豊かな環境へと変わっていきます。

勉強は学校だけでやるものではありません

おそらく多くの方が、「定規は勉強に使うもので、小学校に上がってから使えるようになればいいい」と考えているのではないでしょうか。また、漢字や数字の数え上げなども、「小学校で教えてもらうもの」と考えている方が多いようです。勉強は学校でやってくれるものという思い込みがあるのです。

この「勉強は学校にお任せ」タイプに比べ、子どもの勉強に熱心に見えるのが「塾にお任せ」タイプです。小学校は学習内容が薄い。将来いい教育を受けさせるには、今のうちから塾に行かないとダメだ。だから、できるだけいい塾に入れて、しっかり勉強させてもらおうと考える人たちです。

しかし、「学校にお任せ」タイプも「塾にお任せ」タイプも、どちらもとても危険な考え方だと私は思います。なぜなら、どちらも学校と塾以外での勉強が存在しないからです。

つまり、家庭が学びの場ではなくなるということです。するとどういうことになるか。「遊び」と「勉強」は永遠に別物で、つながることはありません。

「遊びは遊び」「勉強は勉強」ときっちり線引きしてしまうと、まず親御さんご自身がキツイですね。

「遊んでばかりじゃ勉強できない」と考えては、「子どもが遊んでいる状態」＝「最大級にイキイキしている状態」を一緒に楽しめなくなります。子どもが遊びながら学んでいる、そんなキラキラした瞬間に気づけなくなってしまいます。

そして、小さいうちから勉強に慣れさせようと、ドリルや早期教育教材ばかり与えていたとしたらどうでしょう。お子さんは、ドリルをこなす力はついても、楽しみながら勉強するという感覚を知らないままになるかもしれません。

脇道にそれて自分の関心や興味のまま何かを調べたり、夢中になって追いかける経験もなく、ずっと「やらされている」状態が続くわけです。これでは、いざというときにパワー不足に陥ってしまうのも無理ないことです。先のAちゃんが典型といえるでしょう。

親御さんが「勉強を教えなきゃ」「学ばせなきゃ」と力む必要は本当はないのです。そんな気苦労をわざわざしなくても、日常のなかに将来の勉強につながる学びのチャンスはあふれています。

そのチャンスをうまく利用して、最高にいい状態にあるわが子に、最高にいい状態で関わってあげられたら、自然と最高の学びの状態が生まれ、親子の喜びも最高のものになっていきます。

食いついたら、型にはめず、好きなだけ！

関心をもったそのときが、絶好の「遊びどき」

2章以降、ご家庭にある紙や鉛筆ですぐできる遊び、学力の基礎となる数やことばが自然に身につく遊び、おてつだいやおでかけを学びにつなげる遊びなど、日常のさまざまな場面で実践できる遊びをたくさん紹介しています。

どこから取り入れていただいても結構です。大切なのは「興味があることをたっぷり」。あれもこれも全部やらせなきゃと、焦る必要はありません。

一緒に遊んでいると、子どもの好奇心が大人の想定を超えて大きく膨らむ瞬間があります。たとえば、まだ幼稚園にも通わない子が、「この漢字なんて読むの？」などと聞いてくるといったことです。

そんなときは、ちゃんと教えてあげてください。「大きくなったら学校で習うからね。今はまだ難しいよ」などと、せっかくの好奇心をムダにしないでください。「言ってもわからない」という固定観念をはずし、お子さんの興味にとことんつきあってあげてほしいと思います。

想定していた以上のことを子どもが知りたがったり、やりたがったりしているのは、まさに熱中力に火がついたサインです。「遊び」と「勉強」をグッと引き寄せて、さらに熱中させてあげましょう。

「漢字がいっぱい載ってる本があるんだけど、見てみる?」と辞書を渡してみるのも一つの方法です。「これは大人用だけど、子ども用もあるんだよ。今度本屋さんで見てみようか」などと言ってみると、子どもの日常にさりげなく辞書が入ってきます。

とはいっても、子どもの熱中力が盛り上がるのは一時的なものです。覚えた漢字はすぐに忘れますし、関心も消えるのですが、そういう経験の積み重ねが子どもの「知るって楽しい」という知的好奇心を育んでいきます。

ですから、親御さんがまずいろいろなことを、楽しんでやって見せてあげてください。そうすると、子どもは「何だろう?」「なんだかおもしろそう」と興味をもつようになります。

親御さんが読書家のご家庭では、子どもも自然に本を読みます。お父さんやお母さんが本に熱中している姿や、本の内容を話題にする様子を見聞きし、「本っていいものなんだ」と刷り込まれていくからです。

子どもは大人の真似をしたがりますね。親が楽しそうにやっていることは、自分もやってみたくなるものなのです。子どもの遊びの熱中度を高めるコツは、ただこの点一つと言ってもいいくらいです。

子どもがノッてこないときの対処法

親のほうがいくら一緒に遊びたい（あるいは遊ばせよう）と思っても、肝心の子どもがどうしてもノッてこないときもあると思います。そういうときは、どう対応しましょう。

知っておいていただきたいのは、「子どもには子どもの事情がある」ということです。親のほうから「○○しよう！」と誘っても、子どもが関心を示さないのは、ほかに今やりたいことがあるのです。誘ってくれた遊びに興味がないというよりも、今はそれよりもっと大事なことがあるわけです。

だから基本は「子ども優先」です。当たり前といえば当たり前なのですが、要は

「遊ばせなくちゃ」と、気負わなくていいということです。放っておいても子どもは遊びますから、親御さんはタイミングさえうまくはかればいいのです。

次にお伝えしておきたいのは、遊びに誘うときの親御さんの雰囲気に関してです。子どもがノッてこない大きな理由に「お母さんの顔がコワイ」というのがあります。「やらせよう」という雰囲気が、表情や態度からあふれまくってるんですね。それを子どもは敏感にキャッチします。するととたんに興ざめです。

また、今お話ししたことと関連しますが、「○○をやるといいと聞いたからやらせたい」という親御さんの策略も、なぜか子どもには伝わってしまいます。つまり、「私自身はまったく興味ないんだけど、子どものためだから仕方ないな」という本音はバレてしまうのです。

苦手な遊びは無理にやらなくて結構。親御さんができることを、自然体で行うことが一番重要です。

まとめると次のようになります。

・今ほかにやりたいことがある

・お母さんの顔がコワイ
・お母さんだって本当は好きじゃないんでしょ

これらが子どもがノッてこない大きな理由といえます。

そもそも子どもは、好きな方向にしか向きませんし、その方向にしか動きません。偏るのが自然なのであって、バランスのよさを目指す必要はまったくないのです。全方位的に能力の高い優等生を目指すのはむしろ危険です。

最初からそこを目指してしまうと、子どもが楽しく遊んでいるのに、親の側は「これはできる、あれはできない」という目線でしか見られなくなります。今はできなくても、後からできるようになるかもしれません。今は好きじゃなくても、あとで好きになる可能性もあります。

ですから、お子さんと遊ぶときには、「できる、できない」や「好きか、嫌いか」という判断目線ではなく、「今はこれに興味ないのね」「今はそっちがいいのね」というふうに、お子さんの姿をありのまま見守る姿勢で、ゆったり構えているのがいいでしょう。

そして大切なのは、お子さんが食いついたことは、型にはめず、好きなだけやらせてあげること。それにつきあうことです。お子さんの熱中力は、一番近くで接している親御さんだからこそ育てることができるのです。

2章

「らくがき、おりがみ、積み木」の遊びで学びのベースを養う

線で遊ぶ

文字や数字を書く力の基本をつくる

1本線書き遊び

〇〇ちゃん、後をついて来て～

お母さんの声かけで子どもはワクワク

どのご家庭にもある紙と鉛筆ですぐ実践できるのが、「線で遊ぶ」です。お絵かきに興味がある子は、1歳前後で描きはじめますね。夢中になっていることを好きなだけさせてあげるのが「遊び」の基本ですが、自由なお絵かきとは別で「線で遊ぶ」体験は大切。なぜなら、「線は線として描く」ことが、地頭をよくすることにつながるからです。まず、やり方を紹介します。

さっそくやってみよう！

Ａ４のコピー用紙、新聞広告や包装紙の裏、ノートなど何でも結構ですので、手頃

な紙を机や床に広げます。お子さんの隣に座り、ゆっくりと鉛筆で1本線を引きながら、「○○ちゃん、鉛筆でお母さんの後をついて来て〜」と声をかけます。

親御さんの声かけに、お子さんは「何だろう！」と興味をそそられますね。「やりたい！」「楽しそう！」と思ってくれれば大成功。すかさず親御さんが引いた線の上を、鉛筆でたどっていくでしょう。「スピードアップするよー！」「一旦停止」と速度を変えたり、「回転だ〜」とぐるぐる線、「海に来ましたよ〜」と波線にするなど形にも変化をつけ、子どものテンションが上がるような工夫で熱中させましょう。

2歳くらいだと、親が描いた線からぐしゃぐしゃとはみ出すと思いますが、きれいに描けなくても気にすることはありません。

1日の数分が「子どもの頭をよくする時間」に変わる

この遊びのメリットは二つあります。一つめは、文字や数字を書く基本が身につくということです。小さな子どもにとって、1本の線を引くというのはかなり難しい作業。とくに横向きの直線は高度です。線遊びになじんでいる子と、なじまないままの

子では、本格的に文字や数字を学びはじめてからの定着に大きな差が出ます。ですから、お絵かきとは別に、「線は線として描く」経験が欠かせないのです。

二つめは、形に対するセンサーが磨かれていくということです。親御さんはぜひ、直線、曲線からはじめ、丸、三角、四角などの図形へ発展させていってください。親の線の後を追いながら、子どもは自分の手を動かしたものが形になる感覚を味わえます。すると、図形としてものをとらえる目が養われ、ひいては、算数の図形問題にもすっとなじんでいけるようになります。

1歳前後は、口に入れても安全なクレヨンを。2歳前後から3歳くらいになったら、クレパスや色鉛筆、本人が興味をもつならボールペンやシャーペンを使ってもいいでしょう（芯は4Bや6Bなどやわらかいものを）。紙と鉛筆というどんなご家庭にでもあるものを使って一緒に遊ぶ、1日のうちのほんの数分間が、子どもの頭をよくする時間に変わることを覚えておいてください。

地面らくがき遊び

大きい三角形ができたね～！

遊び心をどんどんくすぐりましょう

公園や空き地の地面に、棒きれや運動靴の先っちょでらくがきして遊んだ経験はどなたにもあると思います。これもお子さんと一緒に楽しめる遊びです。

さっそくやってみよう！

一つ前の遊びと同様に「後をついて来て～」と、公園など土の地面に、直線や曲線、丸、三角、四角といった図形を描いていきます。お母さんを真似て描きはじめたら、「お家でもやったよね～」と声をかけるのがポイント。

この「地面らくがき遊び」は、線や図形を描く場所が、「1本線書き遊び」のペーパー上から地面という大きなキャンバス上に変わります。当たり前のことですが、ものすごく長い線や大きな図形を描こうと思えば描けるわけですね。

「長〜〜い線、どこまで行けるかな」「巨大三角形を描こうか」と、お母さんはお子さんの遊び心をくすぐりながら、ぜひ破天荒にトライしてみてください。

視界に収まらないようなものを描くとき、子どもはお母さんの後をついて行きながら、「何ができあがるのかな!」とワクワクしています。できれば、描き終えた〝作品〟を高い場所から見下ろせたら最高です。「大きな三角形ができたね〜!」と声をかけるだけで、子どものなかに楽しさと満足感が湧き上がってきます。

こうして、大きな三角形を想像しながら描くことで、その大きな三角形が頭のなかにインプットされます。すると、屋外で、建物の屋根などを形作っている三角形がパッと目に入るようになります。街中の風景に図形を発見するようになるのです。

「中遊び」と「外遊び」で好循環を

どの遊びにもいえることなのですが、家でやってみて子どもの目がキラキラ輝いた

ら、屋外や出先でも同じことができないか考えてみてください。子どもからすると、「おうちでやったのと同じことが公園でもできるんだ」というだけで大きな驚き。世界がぐんと広がります。

反対に、公園で鳥の鳴き声を聞いて「何の鳥だろうね？」という会話になったとしたら、家に帰って親子で一緒に図鑑を開いてみてください。

家での「中遊び」と屋外での「外遊び」に連続性をもたせ、いい循環が流れ出すと、遊びの楽しさが増し、好奇心が自然に育っていきます。子どもが起きている時間をすべて「遊び＝学び」の時間に変えていけるのです。

一筆書き遊び

1本の線でお花を書いてあげよう！

お母さんも楽しんで！

鉛筆など筆記用具の先を紙から離すことなく、しかも線を二重になぞらずに、一つの線で図形や絵を描き切るのが一筆書き。最もポピュラーな一筆書きといえば「☆（ほし）」ですね。こんな単純なものでも、目の前で披露されると子どもはハッとなります。

さっそくやってみよう！

お子さんが日頃からよく描いている絵（花や車などシンプルなもの）を一筆書きします。「どうやるの？」と関心をもつようなら、「ここからはじめるんだよ」と教えてあげて一緒になぞります。さらに乗り気なら、一筆書きの題材を無料ダウンロードできるサイトが多数ありますのでチェックしてみてください。できるできないにこだわらず、お絵かきスキンシップのつもりで楽しんで。

一筆書きで遊ぶうちにいろいろな図形が気になりはじめ、勝手に「一筆で書けるか

な？」と試すようになったらしめたものです。センスのある子は幼稚園生くらいでも、「一筆書きできる図形とできない図形がある」「この角からはじめたら最後までいけるけど、こっちはダメ」と気づきます。

そうやって遊んでいるうちに、先を予測する力や試行錯誤しながら問題解決する力が育っていくのです。次で紹介する迷路とも重なる部分があり、何度でも繰り返せるのが魅力です。

将来、小学校の算数で習う場合の数、中学校の数学で習う多角形の角度の問題にも関連します。与えられた形をそのまま見るのではなく、頭のなかで線を引いてあれこれ考える力が育つのです。

迷路で遊ぶ

上下左右の感覚を養い、東西南北の理解へ

迷路おしゃべり遊び

もっとお話聞かせて！

親子で空想世界へ

小さな子どもに迷路絵本や迷路プリントをただ見せても、どうやって遊べばいいのか子どもはわかりません。では親御さんは？　迷路遊びの目的は、「スタートからゴールへたどり着くこと」だと思い込んでいませんか？　せっかく迷路で遊ぶのなら、むしろ「脱線してたどり着けないこと」を親子で楽しんでください。

まずは、迷路絵本の遊び方です。１歳半頃から遊べるごくシンプルなつくりのものから、迷路シールブック、『時の迷路』『乗り物の迷路』（作・香川元太郎）といった名著まで、考え方は共通です。

さっそくやってみよう！

スタートから指で迷路をなぞりながら「行きますよ～、ズンズンズンズンズン……あ～間違った～。じゃあ、ここからもう1回～」という具合に進んでみせます。分岐点に来たら「どっちに行く？」、興味を示しそうな絵があったら「こんなところにお地蔵さんがいるね」などと声をかけながら、絵本の世界へお子さんを引き込んでいくのがポイントです。お子さんがお母さんを真似て指で迷路をなぞりはじめたら、あとは自由な発想に任せ、それに乗っかってください。

子どもの自由な発想というのは、いきなり「ジャーンプ！」と迷路をショートカットしたり、イラストの建物の屋根の上で「休憩～」と寝てみたり、予測不能です。それをたしなめるのではなく、「すごいジャンプ力！　何階まで飛べるの？」「あ～屋根から落ちるよ～」というふうに、一緒に脱線して遊びましょう。

子どもは迷路に刺激されて、物語遊びをしているのです。

お子さんが空想世界に浸りはじめたら、「それで、それで？」「もっとお話聞かせて」と深掘りするくらいでいいと思います。自分からお話を語らない場合は、お母さんが指でなぞりながら、ふざけて脱線してみてあげるのもいいですね。

要は、迷路をなぞらなければならないと思う必要はなく、おしゃべりのツールとして生活になじませていけばいいのです。

将来の「地図を見る力」にも好影響が！

後の章で紹介する絵本の入口も、この迷路絵本と同じです。

文字を覚えさせようと最初から学びに焦点を当てる必要はなく、まずは「楽しい！」と感じさせることが優先。子どもが絵を見ながら自由な発想で物語をはじめたら、「しめしめ」です。そのうち、親がイニシアティブを取らなくても自分から絵本をめくりはじめます。

では、迷路絵本といわゆる物語絵本の違いは何か。学びの視点から見ると、1. 先読み力、2. 上下左右の感覚、3. 根気、の3つが養われるという特徴があります。

1の先読み力というのは、道の分かれ目に来たときに「こっちへ進むとどうなるのかな？」と考える力です。これは、算数や理科につながる力です。一つ前の「一筆書き遊び」と共通する効果です。

スタートからゴールを目指そうとすると、迷路全体のなかでの現在地点の確認や次の目的場所への移動距離を頭のなかで想像します。そうすると2の上下左右の感覚が自然に磨かれます。ひいてはそれが、東西南北の感覚や地図を読む力につながります。

3の根気は、試行錯誤を楽しめる力。行き止まりになったらやり直せるのが、迷路の最大のメリットです。

小さい頃から迷路で遊ぶと賢い子になるといわれるのは、こういう理屈に裏づけられているのです。先が見えない入り組んだ路地や、広々とした公園に設けられた散歩用の道など、生活のなかにある迷路的な場所の空間認識力が身についてきます。

迷路らくがき遊び

好きなところに線を書き足していいよ

脱線したら「しめしめ」

次は、書き込み式の迷路です。こちらもいかにして自由な発想で遊べるかです。書店などで購入できる書き込み式の迷路のほか、ネットで無料ダウンロードできるものもあります。動物、フルーツ、車などのイラストが施されているかわいいものから、大人でも楽しめるものまで、難度も対象年齢もいろいろです。

さっそくやってみよう！

お子さんが好みそうなタイプのものをセレクト。見せた瞬間にパッと目が輝くようなら、どんどん自由にやってもらいましょう。小さいうちはお母さんが一緒にクレヨンや鉛筆を持ってあげてもOK。1人ではとまどう様子であれば、お母さんが先にやって見せてあげると遊び方のコツがわかります。

迷路に自分の手で書き込むとなると、「こっちを選んで大丈夫かな？」と用心深く

先を見ようとするので、方向感覚や全体を俯瞰（ふかん）で見る力が養われます。しかも、ぐにゃぐにゃ進んだり直角に曲がったりするので運筆の練習にぴったりです。

ただ、やはり迷路遊びのポイントは「脱線！」です。「道を2本に増やしてよし！」というふうに、迷路を素材としてらくがきしながら、遊びのモチベーションを高めていってあげたいですね。

そうすると、自分でオリジナル迷路をつくる楽しみを発見するかもしれません。うちの子もよく自作の迷路をつくって、「お父さん、これできる？」と持ってきてくれたものです。型にはめない遊びで、子どもの可能性を引き出していきましょう。

紙で遊ぶ

おりがみグシャグシャ遊び

○△□見っけ！

図形をとらえる力の土台ができる

単純だから親子で楽しめる

私が子どもの頃、好きだった遊びがおりがみです。「大きくなったら、おりがみ屋さんになるんだ！」と言っていたそうで、それくらい夢中だったのです。

難しそうなものにトライして出来上がったときの喜びもさることながら、完成形をイメージし、成功するまで何度でもやり直して試行錯誤できるところがお気に入りでした。

「ある程度の年齢にならないと遊べないのでは？」と思われる方もいらっしゃるようですが、そんなことはないいんですよ。1歳半くらいになればちゃんと遊べます。まず

は「おりがみグシャグシャ遊び」です。

さっそくやってみよう!

好きな色のおりがみを子どもに1枚選んでもらい、お母さんも選びます。そして両手でグシャグシャと丸めてしまいます。丸めた紙を投げ合って遊んでも結構ですが、大事なのはここから。丸まったおりがみを開き、折り目から○△□などの形を探してボールペンやマジックでなぞるのです。

実際にやっていただくと一目瞭然なのですが、折り目が複雑にからみあっていろいろな形をつくり出しています。
○△□といった子どもにもわかりやすい

シンプルな形を見つけてあげると、子どもも真似して探し出すでしょう。

そのうちに子どもが「汽車があるよ」「お花だ」などと、好き勝手に想像を膨らませはじめたら、お絵かき感覚で一緒になぞってみてもいいですね。

ハマると、「グシャグシャ↓開いて見る」を「もう一回やって」と何度も繰り返したがると思いますが、お子さんが飽きるまでつきあってあげてください。図形をとらえる力のベースができます。おりがみは、折る前にグシャグシャ遊びなのです。紙で手を切ってしまわないように、おりがみは薄手のやわらかいものを選んでください。

正方形↓三角形折り遊び 形が変わったよ！

「ママすご〜い」が夢中への一歩

「さあ、何か折ろう」となったとき、私がおすすめしたいのはまず親が折って見せることです。イヌ、ネコ、ウサギ、セミ、インコ、カエル、カメなど、1分前後で簡単にできるものを折ってあげると子どもも真似ますね。見よう見真似で「バスができた」ということであれば、見立て遊びをしてもいいと思います。でも私なら最初に何を折って見せるか……？　断然、三角形です。

さっそくやってみよう！

おりがみを対角線で折って三角形にします。「四角から三角に形が変わったよ」と言って見せるのがポイント。

たったこれだけのことで、「おおーっ！」「すご〜い！」となる子がいます。子どもからすると、親の手によって一瞬で形が変わったように見えるからです。

ツルを折る最初の過程でおりがみの角と角を合わせますね。大人には簡単なことですが、子どもにとっては非常に高度です。

どうしてだかわかりますか？　ただ単に手先の細かい作業が難しいというだけではありません。角を合わせるには、おりがみには書かれていない想像上の線を思い浮かべながら折っていくことが必要だからです。それは算数の図形問題で、補助線を引けるかどうかと同じです。少々飛躍するように感じられるかもしれませんが、すこしだけお話ししますね。

2歳児でも頭のなかに補助線が引ける

補助線というのは、与えられた図形には書かれていないけれど考えを進めやすくするために描き加える線のことです。「ここに線を引けば、こっちの形がはっきりするぞ」というふうに、頭のなかで線を引ける子と引けない子では、図形の見え方がまったく違います。図形問題が得意な子は、この補助線が直感的にわかる子なんですね。

おりがみに親しんでいると、その感度が高まっていきます。2歳くらいの小さな子でも、親が正方形→三角形という変化を見せてあげることで、おりがみの角を対角にある角にきちんともっていけるようになるのです。

もちろん、おりがみを左右から真ん中に向かって縦に折り込み（または上下から真ん中に向かって横に折り込み）、正方形から長方形への変化を見せてあげるのもいいと思います。かざぐるまの折りはじめですね。

ツル、奴さん、カブトなどメジャーなものからカブトムシ、イルカ、ドラゴンなどへレベルを上げながら、親が折って完成品を見せたり、折り方を教えてあげたりして、親子で楽しんでください。

いろいろなものが折れるようになったらぜひ試してほしいのは、折ったものを一度

バラして元の正方形のおりがみに戻すことです。すると当然ながら、折り目がたくさんついています。

先の「グシャグシャ遊び」を経験していると、そこにいろいろな形を発見できます。その折り目に従いながら、もう一度同じ形を再現して見せると、子どもにとってはこれがまた「おんなじになった……!」と、不思議に感じられるのです。

何度でも繰り返し折るうちに、図形認識力が高まってきます。小学校の高学年になると、立体図形の展開図を勉強しますが、おりがみに親しんだ子はやはり得意なんですね。

新聞紙で正方形づくり遊び

大きなおりがみが出来上がったね～

「ならない経験」を何度でも

おりがみ遊びの応用編です。

さっそくやってみよう！

床やダイニングテーブルなどに、新聞紙を1枚広げ、「大きなおりがみをつくってみようか」と声かけします。まず1つの角を想定する対角線上の角にもっていきます。三角形がつくれたところで余り部分をハサミで切り落とし、開いて正方形にします。A4、B4用紙など正方形ではない紙なら何でも可。

これも、「新聞紙を折って、ハサミで切ったら、正方形になった！」ということ自体が子どもには驚きなのです。長方形の新聞紙の角を、想定する対角線上の角に合わせるには、補助線のイメージが頭の中に浮かんでいないと、適切な場所にもっていけません。正方形のおりがみを三角形に折る以上に、これは高度です。

最初は上手にできず、台形になったりするでしょう。切り落とす線が大きくズレて、正方形にはならないかもしれません。

しかし、この「ならない経験」を何度もすることが、子どもの考える力や繰り返しトライする心の強さを養うことにつながります。

新聞紙でできた大きなおりがみで何を折るかよりも、正方形をつくること自体が遊びになる子もいます。いつもなら処分する新聞が子どものおもちゃになるのです。

さらに、新聞紙を半分にたたんでいくと何回目かで折れなくなるという体験も楽しい遊びになります。さて、何回目だと思います？　ぜひ試してみてください。

ハサミで遊ぶ

「倍になる」かけ算感覚を体感

紐切り遊び

ここを切ったら何本になると思う？

童心に返って一緒にチョキチョキ

ハサミは工作道具だけでなく、日常の遊び道具としても利用したいツールです。年齢に合った子ども用のハサミを用意し、広告やいらない紙を好きなようにチョキチョキ切って遊びましょう。

自由に形づくりができる道具があるということは、何かを生み出す力を手に入れたということ。創造意欲が刺激されます。

お子さんの気分が乗って、紙をチョキチョキチョキチョキチョキ小さく切り刻むことで、家が散らかるのは少々我慢。やればやるほど数が増えていく感覚を味わわせてあげてください。子どもは、そんな単純な遊びにこそ熱中します。やみくもにティッシュを引き出して楽しいのと似た感覚があるのだと思います。

そして、そんなハサミを使った遊びは、意外にも勉強につながっていきます。

さっそくやってみよう！

荷造り紐やリボン、毛糸、紙テープなど紐状のものを用意。長さ中央のところを「切ってごらん」と声をかけます。「増えたね」「何本になった？」と、1回切ると数が倍になることを教えてあげます。2本になった紐をさらに切って4本に、4本を8本に。お母さんがまずやって見せてあげてもいいでしょう。

「切ったら倍になる」というのは、つまりかけ算です。数が増えていく感じを自分の身体で体験できるのが、この遊びのいいところなのです。

紐ではなく紙を使うバージョンもあります。紙を半分に、そのまた半分に……ときちんと重ねながら切っていく遊びです。その場合はお母さんが切り役になり、切っている様子を横から見せてあげると、増えていく感じがよりよく伝わります。

うちの子と遊んでいて、1枚が2枚、2枚が4枚となったときに「次に切ったら何

枚になると思う?」とクイズを出すこともありました。

すると、「2枚が4枚だから…」と幼い息子は指折り数えて、「わかった! 6枚!」と答えるんですね。自信満々で。

それで、切ってみて1枚ずつ数えると8枚あります。「なんでなんで⁉」となり、本人も自分で数えてみるけれど、やっぱり8枚ある。

うーと考え込んでいた彼が、次の日の朝ご飯のときに「お父さん、4枚と4枚だから8枚なんでしょ」と急に言い出したことを覚えています。かけ算のカンが芽生えた瞬間です。

切り抜き遊び

すごい！ きれいに切れたね〜

手先は使えば使うほど器用になる

手先が器用な子や工作好きな子は、「切り抜き遊び」がおすすめです。

さっそくやってみよう！

新聞や広告に掲載されている、自動車や船などの乗り物、動物、アイドルなどさまざまな写真やイラストで、子どもが好きなものを切り抜きます。新聞に関心を示さないときは雑誌を利用。切り抜いたものをスクラップしても。

絵柄をきれいに切り抜くには、集中力が要ります。カーブでは力加減を変えるなど、工夫も必要ですね。

新聞紙は薄くてぺらぺらなので、角度をつけて切るときも、紙がぺらんと曲がってくれて、ハサミ使いの練習にはちょうどいいのです。

チョッキンチョッキンと単に切り落とすのではなく、チョキチョキ細かくハサミを動かしながら切り抜いていく手先の感覚は、数をこなしてこそわかることです。毎日でも、いくらでも、好きなだけ経験させてあげられる新聞紙を大いに利用してください。

余談になりますが、七夕飾りの天の川（あみかざり）もハサミの練習には打ってつけです。左右から切り込むとき、どれくらいの力を使ってどのあたりで止めれば切り落とさずにすむか。

また、できるだけ細かい幅で切り込みを入れるにはどうすればいいか。親子で試行錯誤しながら、遊んでみてください。

積み木で遊ぶ

平面と立体の空間認識力アップ

モチーフづくり遊び

○○ちゃんの好きな新幹線つくろうか

子どもの好奇心の芽を発見できる

知育玩具の元祖といえば積み木です。中学受験熱が高まってからは、その前段階の才能育てとして積み木教室も根強い人気があります。ただ、積み木は昔からの定番で、誰でも知っている身近なものですが、いざお子さんと遊ぼうとすると具体的な方法が浮かばないという方も多いよう。2歳の子が4つくらい積めるようになったけど、そこからさきどう遊べばいい？　結局、積み木を部屋の隅に追いやったまま……。そんなご家庭もすぐ実践できる方法です。

難しく考えず、最初は「積み上げて、ガッシャン」です。つくって→壊す→またつくる、という破壊と再生の過程を体感することができます。なぜそれが大切かというと、まずはそーっと積み上げてきたものをガシャーンと壊す、「静」から「動」への移り変わりを感じられること。そして何度でもつくり直せばいい、つくり直せるという体験。この、積み木だからこそ得られる感覚が情操教育的にすごくいいのです。
だから、まずは「積み上げて、ガッシャン」で、お子さんの遊び心を刺激してあげてください。そしていいよいよ、積み木の本領である「形遊び」に入ります。

さっそくやってみよう!

子どもが好きなもののモチーフを、積み木で形づくります。平面でも立体でも結構です。「○○ちゃんの好きな新幹線をつくろうか」「今日見たスカイツリーってどんなだっけ」と、遊びはじめのきっかけを渡してあげるのがコツ。

「新幹線できたよ!」「どこに行く新幹線なのかな?」「おじいちゃん、おばあちゃんのところ!」といった会話になるといいですね。積み木を積み木として教えたり遊ばせようとするのではなく、子どもがその日見たものや関心をいだいているものを再現する遊びのツールとして使えばいいわけです。

頭に描いた図柄を具体化することで、イメージ力が高まります。うちの子ってこんなことに関心をもっていたんだという発見もできます。お子さんの好奇心の芽を見つけるのにも積み木は役立つのです。

ひたすら直線並べ遊び

お部屋の隅まで何個かな?

家中が遊び場!

積み木のもう一つのよさは、積み木を並べたり積み上げたりしながら、広さ、長さ、高さの感覚が養われることです。まずは「ひたすら直線並べ遊び」です。

さっそくやってみよう!

積み木を一カ所に集めておくか、子どもでも持ち運び可能な入れ物にまとめておきます。「○○ちゃんのところからテレビまで、積み木いくつかな?」などと声をかけて平面上に並べていきます。「A地点からB地点まで」と、距離をはっきり決めて。

ただひたすら床に積み木を並べていくだけなのですが、これは案外おもしろいですよ。途中で「積み木が足りないよ」となったり、「こっちにもやりたい！」とあちこちに並べてみたりしながら、ごく自然に広さや長さを体感できます。

自分の手を使って一つずつ床に置いていくので、長さが伸びていく実感がわきやすくなるのです。

「廊下は何個かな?」「お母さんたちの部屋と○○ちゃんの部屋、どっちが広い?」など、いろいろなアプローチで楽しさを伝えてあげてください。

最後は一緒に数えながら片づければ、数の学習にもなりますね。

「積み木何個分」の感覚が「測る」の入口

積み木には立方体や直方体、三角柱、円柱などさまざまな形がありますが、形や寸法がある程度決められています。ですから、積み木を基準にして身の回りのものを「□□は積み木何個分」という感覚で見ていくことができます。

積み木は、ものごとを測るものさしのような働きができるということです。つまり、4章で紹介する「単位で遊ぶ」の布石になるわけですね。

たとえば、子どもを床に寝かせ、お母さんが頭の先から足の先まで積み木を並べてあげると、「○○ちゃんの身長は積み木10個分」ということがわかります。

そうしたら次に、「じゃあ、ママの身長もはかってみて」と同じようにやってもらいましょう。

「17個だよ！」とわかったら、床に並んだ2人の長さ（身長）を見比べてみるだけでも、「ずいぶん違うね～」「ママはいくつ多い？」といった会話ができます。

積み木遊びは、ひいてはかけ算の理解にもつながるのです。これは、次に紹介する垂直方向への積み上げ遊びでも同じです。

とにかく高く積み上げ遊び

崩れない裏ワザを教えてあげるね

一緒にドキドキ、ハラハラ

次は、垂直方面の積み上げ遊びです。

年齢が上がるにしたがって、「積み上げて、ガッシャン」から進化させていきたいですね。遊び方のポイントは二つあります。

一つ目は、とにかく高く積んで重ねる楽しさを味わうことです。考え方は、この前の「ひたすら直線並べ遊び」と同じ。身長を調べるのに積み上げてみたり、「ママの足の長さは何個分だと思う？」といった具合に遊んでいきます。

二つ目は、立体感覚です。高く積もうとすると集中力がいります。そこで、最初はお母さんが手を添えて一緒に積んであげます。高くなっても「そーっと」置いたら崩れなかったとか、用心深く重ねたけど「ガシャーン！」と崩れたなど、成功体験と失敗体験を繰り返し経験させてあげてください。そのうえで、「崩れない知恵」をお母さんが授けてあげましょう。

さっそくやってみよう！

積み上げる場所に、積み木を2、3個組み合わせて土台をつくります。いわゆるピラミッド状態にして安定させてから、垂直に積んでいきます。

小さな子どもでも、すでに無意識にやっていることかもしれません。しかし、高く高く積むための形を視覚的に教えてあげると、立体感覚が育ちやすくなります。

こうしたことを学校の勉強がはじまってからではなく、幼児期の何気ない日常的な遊びの中で、楽しみながら体験していることがとても大事なのです。

バリエーションとして、らせん階段のよ

うに積む、半円形のものの上に細長いものをシーソーのように置いて、さらにその上に積み木を立てていくのもドキドキです。

また、三角形のものの上に積み木を積んでもうまくいかないけれど、三角形が2つなら安定するという発見もさせてあげたいですね。

上から覗かせてみたりすると、立体に対する感性が磨かれていきます。

積み木で迷路遊び

ビー玉が通る道をつくろう！

お手製知育玩具

史上最年少でプロ棋士となった、藤井聡太さんが子どもの頃に夢中だった知育玩具として大注目を浴びているのが、スイスの知育玩具「キュボロ」です。これは、木製ブロック一つ一つに彫られている溝や穴をうまくつなげてビー玉の道をつくりながら、積み木のように組み上げていく立体パズル。3歳からキュボロで遊びながら磨いていった直観力や思考力が、天才棋士のベースにあるのは間違いないでしょう。

このキュボロに似た遊びを、積み木とビー玉で代用させてやってみましょう。

さっそくやってみよう！

積み木を組み合わせて迷路をつくります。段ボールや厚紙などを用いて途中に坂道を設け、ビー玉を転がします。直線的なコースからはじめ、カーブをつけたものへ進化させていきます。

下り坂道の角度がゆるいと、ビー玉は次の上り坂を上り切れないかもしれません。カーブの角度が直角ではうまく曲がれずに止まってしまいますし、勢い余ってコースから飛び出してしまうこともあると思います。

同じように転がしたつもりが、全然別の方向に転がることもあって、「なんで？もう1回！」と何度も繰り返すかもしれません。そうやって、積み木遊びにビー玉をプラスして遊んでいるうちに、遠心力、重心、速度といったものを自然と体感できます。

そのうえで、キュボロのような本格的な立体パズルに挑戦すると、先々の数学力にもつながる先の展開を読む力が磨かれていきます。

3章

「数、ことば」の遊びで勉強を3年前倒し

数えて遊ぶ

スモールステップで数感覚を身につける

数え上げ遊び

指を折りながら1から一緒に数えよう

最高の遊び相手は親御さん

将来の勉強を見据えたとき、学力のベースになる大きな要素が数です。まずは1から10の数え上げです。

さっそくやってみよう！

最適な場所は、なんといっても声がよく響くお風呂です。リラックスでき、密着感もあって、最高の空間です。「いーち、にー、さーん……」と一緒に声を出して10まで数えます。それができるようになったら、次は指を折りながら。片手5本の指を折ったら、もう片方の手へ移り、10本の指は折ったままにしておくのがポイントです。

指を使いながら数えると、数が量とつながる感覚を目に見える形で体感できます。

1から10をマスターして10以上へ進むときも、できれば最初は大人の手を貸してあげて、11、12、13……と折っていきます。お父さんとお母さんの手を使えば、30まで数えられますね。

指を1、2、3、4、5と折っていって6で開いて片手だけで10数えたり、両手の指で10まで折ったけれど、11から開いていったりすると、口ではちゃんと数えていても、単に「言い方」を音として真似ているだけで、数の実感が頭に入りません。

ちょっとしたことなのですが、数え上げを覚える最初の段階で親御さんが気をつけてあげたいことです。

数遊びは、小さなステップを一つずつクリアしていくとおもしろさが加速していきます。

数ほど楽しく遊びながら学びを深めていけるものはないよなぁ～というのが、私自身の実感。子どもは間違いなく、遊んでいるうちに覚えます。親御さんだからこそできる関わりを、日常に盛り込んでください。

机の上にいくつあるでしょう遊び

あるもの全部持ってきて

数に関心が薄い子でもハマる

1から10まで数えられるようになったら、実際に目の前にあるものを数えて遊びます。単純なのですが、やりはじめるとてもおもしろいですよ。

さっそくやってみよう！

こたつ机の上や低めのダイニングテーブルに、パッと見ていくつのものがあるのかわかる状態にしておきます（最初は10個以内にします）。子どもに「いくつあるか教えて」とリクエストし、ノッてきたら1つずつ数えながら持ってきてもらいます。「ひとつ、ふたつ、みっつ、……全部でやっつだね」と。おもちゃ、リモコン、新聞、ペットボトルなど、子どもが持ち運べるものや触りたがるものをセレクトしましょう。

「数えて持ってきて」と言うと、子どもはめちゃめちゃ張り切ります。「もう1回〜」と何度もせがまれることもあると思いますが、ハマればハマるほどチャンスです。

まだ1から10までしか数えられず、それより上の数が未知な状態のときこそとくに、です。

次の段階として、テーブルの上のものの数を10個以上にします。たとえば11個のものを置いておくと、10個まで順調に数え、11個目を手にしたら子どもの頭には「10の次は何ていうんだっけ?」という疑問が浮かぶでしょう。この「10の次は何?」と好奇心をもってくれた状態が最高の学びのチャンスです。

このように好奇心が刺激されたところに知識が入ると、子どもはメキメキ賢くなっていきます。「11だよ」と教えてあげれば、子どもも「あー、じゅー・いちか!」と感じ取ることができます。手と体を使って数え上げたからわかる感覚です。

数遊びは親子でするお遊戯と同じ

なかには、「11だよ」「次は?」「12」「次は?」……と、親が答えてくれるのが楽しくて、勝手に遊びにしはじめる子もいると思います。

そうなったら、とことんつきあってあげたいですね。そして、「24」「次は?」「25」「次は?」と答え続け、子どものほうが「ずっと答えてくれるんだ」と高をくくった段階で、「次は?」に対して「何だと思う?」と返してみてください。「んー、26かな」と答える子は、レアです。たいていの子は意表を突かれ、「え～わかんない～」といった反応を示すでしょう。そうしたら、「26だよ」と教えてあげて、「20から一緒に数えてみようか」と誘うのです。途中で子どもが詰まったら代わりに言ってあげ、バトンタッチ作戦で関心を高めましょう。

このやり取りは、子どもからすると親と一緒に楽しむお遊戯なんですね。やっていること自体は数の勉強でも、楽しく歌を歌ったり踊ったりしているのと変わりないのです。そのベースにあるのは、「一緒にやりたい」という心理です。

私も息子がまだ小さい頃、お風呂で一緒に1000まで数えたことがあります。湯船から出たり入ったりしながら、「まだ行けるか!?　すごいな」「次、お父さんね」と交代で数えているうちに、気づいたら1000になっていたのです。最後は、「さすがにのぼせるから出ようか」となりましたが。

毎日のお風呂での数遊びは、息子にとって相当楽しかったと思います。ですが、それ以上に楽しかったのは私です。わが子の成長が手に取るようにわかったことはいうまでもなく、「この遊び方は好きかな?」とこっそり仕掛けて、まんまとハマってくれたときの快感といったらありませんでした。

何か一つのことを持続的に行うのが好きな子、規則やルールを楽しめる子、収集癖のある子、整理して揃えるのが好きな子などは、数えること自体が遊びになりやすい傾向があります。

飽きっぽい子や、持続的な作業を行う段階まで成長していない子の場合は、無理に先に進もうとせず、「15までならOK」という、その子が気楽にやり切れる部分を何度も繰り返せばいいのです。そのうち調子よく20までいける日が来たら、そのチャンスを逃さず、次は10から25までというふうにスモールステップで進んでいくのがうまいやり方です。

じっとしているのが苦手な子は、部屋のなかを一緒にぐるぐる歩きまわりながらやればいいし、屋外の階段を使ってもいいですね。ジャンケンポンでパーで勝てば、「パ・イ・ナ・ッ・プ・ル」と6段進む、チョキなら「チ・ヨ・コ・レ・イ・ト」とまた6段進むといった階段遊びをしませんでしたか？　あの感覚です。

「この子、数は苦手みたい」などと決めつけず、アプローチを変えながら親子で楽しめる遊び方を見つけて数感覚を磨いていってください。

2つ飛ばし遊び 1、4、7……

子どもの「言えた！」を大切に

次は、数を飛ばしながら数える遊びです。

さっそくやってみよう！

「1、3、5、7、9」と親御さんが先に言って、続きをバトンタッチする遊びです。最初はキョトンとするでしょうから、親が数えるだけにします。「いち（一呼吸）、さん（一呼吸）、ご（一呼吸）……」と、数を1つ飛ばしている様子を身ぶりで表しながらがいいですね。何度か繰り返し数えているうちに、子どもが「あー！」と気づくタイミングが来るので、その様子が見えたら「一緒に数えるよ」。声を合わせて「1、3、5、7、9……じゅーいち、じゅーさん」……。コツは、「じゅー〜」を伸ばして、子どもが数を言うまで待ってあげること。「言えた！」が大切ですからね。51ぐらいまで数えられるようになったら、「1、4、7、10、次は何だ？」と2つ飛ばしへ。上級編で3つ飛ばしも。

数遊びの最初でお伝えしたように、まずは1から10までを数えられるようになるのはとても大事なことです。しかし、数感覚を育てるには、1の次は2、2の次は3という順番を覚えるステップの次の段階に進めてあげることも大切なのです。

数え下げ遊び

100から1まで帰ろうか

楽しいから自然に覚える

数え上げの一つの目安が100です。100まで数えられるようになったら、目的地に着いたから帰りましょうということで、数え下げにトライです。

さっそくやってみよう！

「100から下がっていこう」と声をかけ、「100、99、98、97……」と一緒に数え下げていきます。慣れてきたら、「100から90まで来て」「70、69、68、次は？」とバトンタッチ作戦で。

数え上げ同様、遊びながら数え下げを体験しておくと、就学前の早い段階で、足し算と引き算は裏表なんだということが感覚的につかめるようになります。

「わかんない～」「難しいよー」という段階にある子は、親御さんが「100、99、98、97……」と全部言ってあげるだけでも十分です。きっとそのうち、お子さんは門前の小僧よろしく、〝習わぬ引き算〟を耳から覚えて理解するでしょう。

ピアノは何回練習したかで、上達度に差が出ます。数遊びもまったく同じで、小さい頃に何百回口にしたか、聞いたか、楽しいと感じたかによって、頭脳への浸透具合が変わってくるのです。

数をツールにして遊ぶ

数字好きへの近道

体重チェック遊び

ママ、0・2増えちゃったよ〜！

子どもは自分を説明する数字が好き

算数に限らず、さまざまなことに共通しますが、ある程度の年齢になると理屈できちんと教えたほうがすんなり理解できることが増えてきます。その年齢的な臨界点は8歳、9歳頃。言い換えれば、それまではとにかく触れさせ、たくさん見せて、「楽しい！」「おもしろい！」を子どもにどんどん渡してあげましょう。

低学年の算数のつまずきポイントとよくいわれる小数点も、授業で習う以前にご家庭で楽しい遊びにしてしまえば恐るるに足らずです。実は、皆さん気づいていないのですが、家の中に最適なツールがあります。それが体重計です。

体重計で子どもの体重を測り、「9・7だよ」などとデジタル数字を読み上げます。裸と着衣で「あ、減った」「増えた~」と差が出ることを発見したり、親子で一緒にのって「お母さんとのると57・7だ」「お父さんとだといくつかな?」というふうにして遊びます。単位のkgは、言ってなくてもOK。「ママ、0・2増えちゃったよ~」と、日常のなかで小数点を含む数字をあえて伝えるのが大事です。

6歳前後だと、体重計の「9・7」を「97」と読んでしまいます。「57・7」は「577」と映ります。小数点という概念がまだないのですから当然で、目に見えた数字をそのまま理解しているわけです。

でも、生活のなかで小数点を伝えていると、しばらくたってデジタル表示を見たとき、「9・7」と真似て言うときがきます。うちの子の場合、最初は「変な97」と言っていました。「9テン7」の「テン」が気持ち悪かったのでしょうね。そのうち、「9テンナナ?　って何?」と聞いてくる場合も。そうしたら、「9テンナナというのは9と10の間で、10に近いってことだよ」と教えてあげてください。

昔のタイプの体重計だと、目盛りが左右に回りますよね。あの目盛りを見せながら、「ほら、9と10の間に線が引いてあるでしょ」と0・1刻みの目盛りを教えてあげるといいですね。1つ1つを指さしながら、「9、9・1、9・2、……9・6、9・7！」と数えます。デジタルタイプなら、代わりに定規の目盛りを見てもいいですね。

ただ、「1より小さい」というのは抽象概念です。幼児が理解するのはとても難しいことなので理屈をわかる必要はありません。何度も数に触れて「そんなもんか！」と受け入れてくれれば十分です。

数をツールにして遊ぶのに体重計がいいのは、自分を説明する数字が子どもは好きだからです。子ども自身が関心をもつ数字で遊ぶと学びの進度と深度が加速します。

それに、小さな子どもの成長は日々驚くほどです。大人と違い体重もどんどん変わります。ですから日常に取り入れやすいのです。親御さんも体重測定を日課にして、「50・2だ！　あとすこしで50を切れる～」「ヤバイ、70超えちゃった。ビール控えなきゃ」というふうに体重測定を遊びにしてみてください。

つけ加えておくと、ベルマークにも1・2点、2・5点などの小数点がありますね。靴のサイズも0・5cm刻みです。こうした日常にすでにあるものに触れさせて、数に対する感覚を磨いてあげるといいですね。

足したらいくつ遊び

あのナンバープレートは『1』だね

日常で目にする数を使った遊びも取り入れましょう。利用しやすいのが車のナンバープレートです。

「難しい」＝「おもしろそう！」

さっそくやってみよう！

ナンバープレートの４つの数字を足して、「奇数（または偶数）だったらラッキー」などと遊びのルールを決めます。最初のうちは、どちらが速く計算できるかと単純に競ってもＯＫ。ドライブ中や渋滞に巻き込まれたとき、家族みんなで楽しめます。まだ2、３歳で数を覚えたばかりなら、数字を読み上げることをゲームにして。

「足したらいくつ？」という数遊びは、ナンバープレートや切符に記された番号、電話番号などでもできます。昔から親しまれてきたので、遊んだ経験がある方も多いのではないでしょうか。

算数が好きな子や得意な子たちは、こうした遊びを進化させ、「足したら1になる計算式をつくる」といった遊びを日常的にやっています。たとえば、6211というナンバーなら、6＋2＋1＋1で10、10の1と0を足して1です。高学年になると四則演算（＋−×÷）を用いたさらに複雑な数式づくりを、まるでゲームのように問題を出し合って遊んでいるのをよく目にします。

実際、テンパズル（10パズルまたはテンメイク）という、4つの数字で10をつくる知的ゲームもあります。四則演算にプラスして「（　）」も使うことができ、たとえば、4669ならば（6＋9）×4÷6＝15×4÷6で10、1158ならば8÷（1−1÷5）＝8÷⅘＝8×5/4で10と、それぞれ10になる式です。

数を学ぶと聞いたら、大半の方が九九や計算ドリルを思い浮かべるでしょう。それだけ皆さんのなかで、数と学校で習う算数がつながっているのだと思います。でも、遊びながら数を学ぶチャンスは日常にあふれているのです。

ことばで遊ぶ

視覚と聴覚のダブル刺激で定着が早くなる

アナウンス遊び

今日の朝ご飯は、卵焼きと豆腐のお味噌汁です

大好きなママの声だから聞いている

子どもの成長過程で、たっぷり経験させてあげたいのがことばの遊びです。特別な道具やおもちゃを用いなくてもできる方法はたくさんあります。選りすぐりを紹介していきましょう。ことばに関して、最初にお伝えしておきたいポイントは三つ。

①できるだけたくさんのことばを口にして、触れさせてあげる。
②同じことばを何回でも繰り返して、伝えてあげる。
③ことばとことばが示すもの（こと）を、セットにして教えてあげる。

とにもかくにもこの三つに尽きます。①②③を手軽に、しかもまだ発語が十分でない頃からでも実践できるのが、ご飯や身のまわりのもの一つひとつの名前をちゃんと伝えてあげる「アナウンス遊び」です。

さっそくやってみよう!

食事どき、「いただきます」の前に、その日のメニューをシェフになった気分で「今日の朝ご飯は、卵焼きとお豆腐のお味噌汁です」などと伝えます。離乳食の段階でも「カボチャに鶏肉がすこし入っております」。子ども用のことばに換える必要はなく、大人が普段使うことばでゆっくりと滑舌よく。

小さな子どもは、耳から聞こえる音と視覚的な刺激の両方によって「○○はこれのこと」と、ことばとことばが示すもの（こと）をつないでいきます。

「言ってもわからないだろう」「昨日言ったから、今日はいいだろう」ではなく、たとえ同じことでも何度も、大人のことばで手加減せず、が基本です。

「鞄と帽子を持ってきて、おでかけの準備をしましょう」といった行動の促しや、

「ほら！　改札からパパが出て来たよ」といった状況説明の声かけも、アナウンスのつもりではっきり伝えてあげたいですね。親御さんが日頃使っていることばをしっかり聞かせることが、子どもにとって言語獲得のチャンスになります。

一貫して「大人ことば」が◎

「靴をクックと言っている幼児に、靴と言って意味がわかるの？」。こんな疑問をもたれる方も多いと思うので、ちょっと説明しておきます。

小さな子が、「靴」を「クック」と幼児語で話すのは、「つ」の発音がしにくいなどの理由からです。耳からはちゃんと「クツ」と入っているけれど頭のなかで「ク・ツ」とキャッチできないから、口から「クック」と出てきているだけ。

英会話があまり得意でない日本人の私たちが、ネイティブの方と話すときのことを考えてみてください。相手が話すことを聞いて、同じように話そうとしてもすぐには話せませんね。それと理屈はほとんど同じです。

だから親御さんは、一貫して大人ことばで話しかけていたらいいのです。小さな子どもでも、耳に届いていることばできちんと聞き取っています。大人がちょっと言い間違えただけで、「昨日は〇〇って言ったよ」などと、意外に気づいています。

ことば遊びの入口は、親子の日常会話。後でお話しする語彙力にも大きく関わってくるのが、基本となるこの遊びです。

50音表遊び たけしの〝だ〟はどれだっけ？

リビングを学びの場に

「しゃべっていることばに文字があるんだ」ということを知るのに欠かせないのが50音表です。「文字が読めるようになったら」ではなく、「音と文字をできるだけ早く一致させる」ために、50音表は早い段階でリビングなど生活のメイン空間に貼っておきましょう。知識との出会いに満ちた環境は、子どもの「わかると楽しい～」「もっと知りたい！」という知的好奇心をぐんぐん高めます。

親御さんが基本的な心構えとしてもっておくといいのは、お子さんが関心を示すことばがあらわれたタイミングで、「この字だよ」と教えてあげること。「あ、い、う、え、お」という語順や50音すべての読み方を親が教えようとする必要はなく、関心をもった一語一語をまずは伝えてあげればいいのです。

そこでうってつけなのが家族の名前。子どもが最初に関心をもつことばです。

さっそく やってみよう！

50音表中のお子さんの名前を示す文字、「た」「け」「し」の3文字を一緒に○で囲みます。自分の名前に印がついたことがうれしくて、「た・け・し」と教えてくれるようになると思います。そこでときどき、「たけしの〝た〟ってどれだっけ？」と聞いてあげると、50音表を通した遊びが日常で習慣化されます。

「学習ポスター　ひらがな」（くもん出版）など、手軽に手に入るもので結構です。「おふろでレッスン　ひらがなのひょう」（くもん出版）を利用して、バスタイムをことば遊びタイムにすることもできます。

「お母さんの名前を□で囲んでみよう」などと書き込んでいると、50音表が印だらけになってしまいますね。そうしたら、思い切って買い替え、今度は印のない状態で文字を探したり、読み上げたりする段階へ。お風呂ポスターなら、水で落とせるクレヨ

ンを使って何度でも書き直せます。

さっき、「③ことばとことばが示すもの（こと）を、セットにして教えてあげること」の大切さをお伝えしましたが、生活のなかでたくさんのことばを聞かせてあげるのと並行して、50音表で視覚と聴覚の両方から刺激がもたらされると、子どものことばへの関心が確実に高まります。

音と文字が一致すると、「たけしのたってどうやって書くの？」と子どもは文字を書くことにも興味を持ちはじめます。こうやってことばで遊んでいれば、「いつから書かせたらいいのだろう？」という悩みなど抱く必要はなくなるわけです。

ことばカードで遊ぶ

語意を知り、世界とつながる

これなーに？遊び

〇〇ちゃんのカードは何？

クイズが飛び交う環境づくりを

ことばカードはご存じのように、片面に絵、もう片面にことばが書いてあります。子どもにもの（こと）に名前があることを伝える有効なツールで、床にたくさん並べて、絵から読み方を当ててもいいし、単純にことばが読めるかどうかで遊んでもいい。コツは、クイズ感覚で遊ぶことです。

さっそくやってみよう！

カードを5枚ずつ取ります。お母さんから1枚出して「これなーに？」。答えてくれたら、子どもからも問題を出してもらいます。もちろん、子どもが問題を出すだけ、

答えるだけでもOK。

「め」「て」などひらがな1文字、「はな」「いぬ」など2文字で表されるシンプルなことばだけを集めたものや、濁音（が、ば）、半濁音（ぱ、ぺ）、拗音（ゃ、ゅ）、促音（っ）を含むことばまで、カードの種類もレベルもさまざまですが、どれも遊び方の基本は「クイズ」です。

子どもは自分から出題するのも大好きです。

「クイズを出してやろう」と企んでいるとき、自分の知識を自慢したい気持ちもあって、子どもはワクワクしています。

「ブーッ！　答えは○○でぇ～す！」などとノリノリで披露しているとき、言語と知識と思考のシナプスがバチッとつながっています。

これまでたくさんのご家庭の教育相談を行ってきた経験から言うと、頭のいい子ほどクイズ好きです。そして、親御さんもクイズ好きです。または、クイズにつきあうのが上手です。クイズというのは、ものすごくシンプルに考えると「ねえ、これ知ってる？」という質問です。もともと頭がいいからクイズを出したがるという面もあると思いますが、私はクイズ好きになると自然に頭がよくなるのだと考えています。だからこそ、子どもが自分からクイズを出したがるような環境づくりをおすすめします。ひらがなカードから漢字カードへ。もっと大きくなれば、本や新聞、テレビから聞こえるさまざまな情報を利用して。クイズ遊びは、いつでもどこでもできます。

ことばパズル遊び

好きなことばをつくってごらん

さっそくやってみよう！

お気に入りの1枚からつながる

あいうえおカード（50音カード）も、どんどん遊びに取り入れましょう。

50音カードで、たとえば、子どもが「あひる」とカードを並べたら、親がそのなかから「ひ」の1字を抜いて「ひまわり」とします。次に子どもが「ひまわり」から1字を抜いて好きなことばをつくり、繰り返していきます。

もうおわかりだと思いますが、クロスワードパズル系の頭の使い方ができる簡単な遊びです。「どの1字を使おうか？」と考え、その1字が含まれることばを思い浮かべるというのは、かなりの知的作業。そして、なんといっても親子で遊ぶと未知のことばに触れる機会が増えます。

子どもが「りんご」と並べたら、わざと子どもが知らないであろう「ごかい」ということばで返してみます。「ごかいって5階？」などと聞いてきたらチャンス。「相手の言ったことを間違って受け取っちゃうって意味だよ。〝すみません、誤解していました〟というふうに使うんだよ」と説明してあげるのです。これも手加減不要です。

ことばカードを一緒につくるところからはじめてもいいですね。書く練習にもなりますし、遊びに愛着が湧きます。

町づくり遊び

おうちの隣に何屋さんがあるとうれしい？

カードを使ったおしゃべり

「カードの種類や数が多くて遊び方がわからない！」というときは、カードで町づくり遊びはいかがでしょう。

さっそくやってみよう！

「自分のおうち」や「ぼく（わたし）」のカードを基準に、好きなものを並べていきます。「わたし」の周りに「ホットケーキ」「ハンバーグ」「人形」など好きなカードを置いたり、「ソファ」「テレビ」のカードでリビングをつくったりして遊びます。

お母さんの声かけで想像力を刺激してあげましょう。

保育園、公園、スーパーなど、子どもが思いつく近所にあるものからはじめ、「隣にお店をつくろうか」「公園の花壇でどんなお花を育てる？」と展開。

年齢が上がれば、行動範囲の広がりにともなって、駅、バス停、学校、商店街など、町の規模を大きくできます。

商店街で飛行機を売っていてもいいし、隣町が火星であってもアリです。カードに刺激されて飛び出すことばと空想世界を、親御さんも一緒に楽しんであげてください。そこから「お店屋さんごっこ」「運転手ごっこ」など、ごっこ遊びへと発展するかもしれません。

ことばをツールにして遊ぶ

一歩先いく語彙力

逆さまことば遊び

ママの名前は〝みぐめ〟です。あなたは？

日常にユーモアをプラス

ことば遊びの王道といえばしりとりです。簡単なしりとりができるようになったらぜひ試してほしいのが、「逆さまことば遊び」。これは、ことばを後ろから言うという、ただそれだけの単純な遊びです。

さっそくやってみよう！

「ママの名前は〝みぐめ〟です」「あなたは〝しけた〟だね」という具合に、最初は名前から入るのが興味をもたせるコツ。3歳くらいでまだピンとこないときは、ひらがなカードを使ったり、紙に書いたりしても大丈夫です。

ことばを逆さまに言おうとするとき、頭のなかで何が起きているか。

たとえば「ほっかいどう」を後ろから言ってみてください。大人でもちょっと難しいと思います。スラスラとは言えないので、皆一度、頭のなかに「うどいかっほ」と書きますね。

その逆さまで言いにくい「うどいかっほ」を言おうとするとき、ことばが頭を通って口から音になり、それを耳で聴きます。単に「ほっかいどう」と聞いてそのまま真似て言うのとは異なる、複雑な経路をたどって口から発せられ、最終的に聴覚で認知されるのです。

この過程を経ることによって、あるひとまとまりの単語が1個ずつの音の組み立てでできていることがイヤでも認識されます。

そうすると、音とひらがな、ひいては音と漢字が結びつきやすくなります。将来、音読の勉強をするときにも大いに役立つのです。

最初は名前や身近な地名、2音か3音の短いものから。徐々に音数やことばの内容のレベルを上げていってください。

唐突に「今日の晩ご飯は〝グーバンハ〟でいい?」と日常会話に盛り込んでみると、

それを聞いた子どもが、頭のなかでことばをひっくり返して「ハンバーグだ！」と考える練習になります。「ぼくも何か言ってびっくりさせたい」というモチベーションアップにもつながります。

とくに耳から入る音に敏感なタイプの子は、逆さまことばが大好きです。あきやまただしさんの『へんしんトンネル』が好きな子は、きっとハマりますよ。

頭とり遊び

ちょっと大人っぽいしりとりやってみる？

可能性はグングン広がる

定番しりとりの応用編「頭とり遊び」は、知的好奇心をくすぐる遊びです。

さっそくやってみよう！

定番しりとりでは、「りんご」→「ごりら」→「らっぱ」、と進みますが、「りんご」の頭の「り」が最後に来ることばでつないでいきます。「りんご」→「きゅうり」→「めだまやき」、というふうに頭の一語を取るので「頭とり」。

この「頭とり遊び」は少々高度ですので、小1、小2くらいにならないと楽しめないかもしれません。

しかし、しりとり遊びが好きな子が定番に飽きてきたときは、変化球で試す価値はあります。

「ちょっと大人っぽいしりとりやってみる?」と、好奇心を刺激してみましょう。

このようなことば遊びが好きな子は、多数派ではないのですが一定数いて、ハマる子はハマります。

そういう子たちは、出会うことばに敏感に反応するので、早いうちに語彙力がものすごく増えるのです。

親がすべてのことばを与えようとがんば

る必要はありません。きっかけを渡すだけで、子どもは自ら反応してくれます。

ラベル読み遊び

え？ ペットボトルのお茶にビタミンCが！

家族の会話がことばのシャワー

将来的に中学受験を考えていたり、小学校のお受験を考えてらっしゃるご家庭から、「子どもの語彙力を増やすのに効果的な教材はありますか」という教育相談を受けることがあります。

最初にお伝えしたように、できるだけたくさんのことばを親御さんが口にし、同じことばを何回でも繰り返し伝え、ことばとことばが示す物（こと）をセットにして教えてあげる、というのが「ことばで遊ぶ」ときのポイント。そうすることで、ことばの定着や意味の理解が促され、当たり前のように語彙力がついていきます。

ですから私はこうした相談にも、これまでお話ししてきたような遊びをご紹介します。教材はその後でも十分なのです。

語彙力とは何なのか。ことばをたくさん知っているということは、結局、自分が生きているこの世界に対する関心度合いが高いということです。1万語のボキャブラリーがある人は、1万個の関心事があるのです。逆にいえば、語彙が乏しい人は、物事に対する関心が低いということです。

私たちの世界は、ことばであふれています。さまざまなものに名前があり、意味があります。「これ何?」。そんな素朴な質問から子どもは知る喜びを味わい、「なぜ?」「どうして?」という好奇心の芽を育てていきます。

親御さんがやるべきことは、子どものことばに対する関心が全開になるよう、ことばのシャワーを浴びせ続けることといってもいいでしょう。

日常で手軽にできるのが、「ラベル読み遊び」です。

さっそくやってみよう!

お菓子やペットボトルのパッケージやラベルの文字、裏側にある原材料などの商品に関する詳細情報を声に出して読んであげます。たとえば、伊藤園の「お~いお茶」ならば、「え? ビタミンCが入ってるんだ!」「伊藤園って渋谷区にあるんだね」という小さな発見を話題にします。

ノートなどの文房具、瓶や缶などの加工品、家電の箱。普段は決して声に出して読まないようなものを一緒に読んでみると、おもしろくて大人もつい夢中になるほどです。屋外では看板や広告を読むという手があります。

難しい漢字に出会って「これ何て読むの?」と聞いてきたり、無理やりにでも読もうとする体験で、ことばに対する関心が高まるのです。

こういう遊びを経験していると、親子の会話がどんどん増えます。しかし、究極をいえば、子どもがついて来てくれなくて、親が楽しんでいるだけでもいいと思います。親が楽しそうにしているその「場」そのものが、子どもにとってのことばのシャワーになるのです。

私も子どもにびっくりさせられたことが何度もありました。5歳ぐらいのことですが、散歩していたら「やそとプールって何?」と聞いてくるのです。「やそと?」と指差すほうを見ると「屋外プール」の看板。「おくがいプールだよ」と言うと、「なんで! おもちゃ屋の『や』じゃん! それにお外の『そと』でしょー!」と言うのです。

おお、覚えた漢字と知らないことばがちゃんとつながっている! と感激したものです。「『屋』は『や』とも読むし、『おく』って読み方もあるよ」と伝えると、「ふーん、変なの」とそのときは言っていましたが、数回してまた「屋」という字を見たときに「これは『や』？　『おく』？」と聞いてくれたのです。子どもの吸収力は本当にすごいですよ！

文字を書いて遊ぶ

ことばを使うアンテナが立つ

ことばつなぎ遊び

そんな難しいの知ってるんだ！

書く力は国語力のベース

ことばを学んでいく過程で欠かせない「見る」「聞く」のほか、もう一つ大切なものがあります。それが「書く」です。

手を動かして書くことによって磨かれるのは、ことばというひとまとまりの量感覚。「すし」は小さいな。「けんちょうしょざいち」はデッカイぞ。そんな量感をともないながらことばと接していると、日常でことばを使いこなすアンテナが育ってきます。

そこで、小さなお子さんでもできる「書く遊び」をご紹介します。これは、「ことばパズル遊び」（94Ｐ）の上級編です。

さっそくやってみよう！

紙の中央に何か一つことばを書きます。そのなかの一字をピックアップして、その字からはじまることばをつなげ、親子で交互に書き足して遊びます。たとえば「すし」からはじめたら、「す」を取って「すいか」、その「か」を取って「かぶと」。つなげたことばを丸や四角で囲んでおくと、ことばのボリュームが一目瞭然です。

発展編もあります。あることばの最後の文字が別のことばのお尻にくるように逆さまにつなげたり（たとえば「とんぼがえり」の最後の「り」がお尻にくる「こおり」をつなげる）、あることばの途中の文字が別のことばの真ん中にくるようにする（「とんぼがえり」の「が」を真ん中に「えがお」とする）など、いろいろな発想を親御さんが披露してあげてください。

「そんなの知ってるんだ！」「ことば博士だね」と声をかけたり、手が止まればヒントをあげたりして、どんどんことばを引っ張り出してあげたいですね。

書いたものは読めるし、読めるからまた書きたくなります。書く楽しさを早いうちに知ることは、幼児期で読書好きになる可能性が高まります。「ことば絵じてん」なども使って、どんなことばがあるか探させてあげてもいいですね。楽しく書いた分だけ、お子さんの頭の引き出しに使えることばがたまっていくのです。

クロスワード遊び

こんなのがあるよ？

すべては「出会わせ方」しだい

ことば遊びやクイズが好きな子がどっぷりハマるのが、クロスワードパズルです。

前項目「ことばつなぎ遊び」の本格版ですね。
ご存じのように、「らいおん」というワードを連想させるための、「どうぶつのおうさま。ひゃくじゅうのおう」などといったヒントが書いてあります。それを読んで考え、手を動かして書くという、賢くなる要素がびっしり詰まった遊びです。

さっそくやってみよう!

幼児向けクロスワードブックや無料ダウンロードしたプリントを、「こんなのがあるよ?」とさりげなく見せる。お子さんの「やりたい!」というモチベーションを引き出してからやらせるのが、夢中にさせるコツです。

4、5字の短いワードばかりでつくられたものもあるので、幼稚園年長くらいになったら、関心を示すかどうか試してみる価値はあります。
こうしたドリル的な「あるものを、ただあるようにやればOK」というものは、子どもが熱中して楽しそうなら、もうすでに遊びです。でも、親御さんの「賢くなるからやらせたい」という本心が透けて見えてしまうと、子どもは「やらされている感」に支配されてしまいます。ですから、出会わせ方がとても大事なのです。

ほかのドリル的な遊びや、就学以降の知育アイテムすべてにいえることですが、「それさえ与えていれば学力がつく、だからこなすことが最優先」という視点に立ってしまうことがとても危険です。もしもそういうご自身に気づいたら、「この子、熱中してるかな?」「一緒にやってみようかな」と、振り返る瞬間をもつように心がけてください。

漢字連想遊び

今日はくさかんむりでやる? それともいとへん?

子どもは背伸びで賢くなる

漢字も幼児期に遊びながら書いていると、就学以降の勉強がとてもラクです。

子どもが最初に覚える漢字はひらがな同様、自分の名前。保育園や幼稚園の行事でお手紙を書く際、「○○ちゃんのサインだよ」などと言ってフルネームの漢字を教えてあげると、張り切って覚えようとします。子どもは、背伸びがしたいものなのです。

そんな子どもの心理を突きながら、知的好奇心を高めていけるのが「漢字連想遊

び」。文字を書くのが好きな子、ひらがなをマスターした子、小学校低学年向けの遊びです。

さっそくやってみよう！

紙の中央に、たとえば「くさかんむり」を書いて、親子で順番に「草」「花」「芝」「芸」……というふうに、「くさかんむり」がつく漢字を挙げていきます。子どもにはハンデをつけて『新レインボー　小学漢字辞典　小型版』（学研プラス）などの漢字辞典を渡します。子どもは辞書引き放題、親御さんは記憶力が武器です。

大人を負かしたくて、子どもは知らない

漢字でも書いてみようと必死になります。そうやって一度自分の手で書くと、街中の看板やテレビのテロップでその漢字を「知ってる！」と発見したとき、知識が定着していくのです。

また、この遊びは単純に感じられるかもしれませんが、広げていきやすい遊びです。子どもは大人が書いた漢字を知らないケースが多いわけです。「そんな漢字本当にあるの？」と疑問を示したら、「調べてごらん」です。

まだ漢字辞書の引き方（画数を数えるなど）がわからない場合は、親御さんが引いてみせてあげるといいでしょう。「え？　僕の辞書には載ってないよ」となったら、さらにチャンスです。大人用の漢和辞典で引いて見せてあげてください。

辞書はことば遊びの宝庫です

子どもからすると、国語辞典も漢字辞典も文字ばかりで絵が少ない分厚い書物。とても「難しそう」に感じられます。放っておいても勝手に開いてくれるという期待は、もたないほうが賢明です。

最初は親御さんが一緒に開くものと思っておいてください。

今紹介した「漢字連想遊び」と同じように、国語辞書を使った「子どもは辞書引き放題しりとり遊び」も、子どもを夢中にさせます。辞書は単にことばを調べるためのツールではなく、ことば遊びのネタの宝庫なのです。

たとえば、漢字辞典には漢字のなりたちが丁寧に記されています。「手という字は、てのひらの関節から指に至るまでの形を表わしたものなんだね。握っている場合は拳になるんだ」。こうした情報をさりげなく日常会話にしのばせると、子どもと漢字の距離を近づけていけます。

「辞書は小学校に上がってから」ではなく、「幼児期から遊び道具」にして親子で楽しめます。

漢字に関してつけ加えておくと、リビングに50音表を貼るタイミングで、小学1年生用の漢字表を隣に貼ってしまいましょう。あるいは、お風呂場でも結構です。お風呂場ならば、水鉄砲を使って「山田の山だよ、ビシッ！」と命中させて遊ぶこともできます。そんな環境がベースになると、子どものことばのアンテナがバシッと立ってきます。

読み聞かせで遊ぶ

「本好き」の土壌を耕す

交互読み遊び

今日は〇〇ちゃんの後にママがついて行くよ

親密な時間をたっぷり

子どもの頭をよくする最強&必須アイテムといえば本です。リビングや子ども部屋に本が置いてあるのとないのとでは、子どもに与える影響は大違い。本がいつでも目に入り、自由に手に取れる環境を整えるのは基本のキです。

ただ、本を揃えればそれで十分かといえば、もうひと工夫がほしいところ。私が親御さんに知っておいていただきたいのは、本（読書）を遊びにする発想です。

「本は学力のベースをつくる大事なもの」と大真面目にとらえてしまうと、お子さんに対しても大真面目に向き合ってしまいがちです。「早く字が読めるようにさせてあげなきゃ」「この子、ちゃんと意味がわかってるのかな……」など、せっかくの本読みが子育ての不安につながってしまっては、それはとても残念なことです。
本は確かに学力のベースづくりに大事ですが、まずは力を抜き、「本は遊び道具」と考えてみてください。おりがみや積み木と同じおもちゃ。とくに、お子さんが小さいうちに出会う絵本はなおさらです。
そうとらえると、随分気楽になると思います。読書の入口である絵本の読み聞かせも、遊び方のバリエーションが豊富です。「読んであげようね」「一緒に読もうね」からはじめ、慣れてきたら「交互読み遊び」にトライしてみましょう。

さっそくやってみよう!

お子さんが好きな絵本を一緒に開いて「ママの後をついて来てね」と伝え、「あるところに」と読んだら、次はお子さんに「あるところに」と続けてもらい、交互に読んでいきます。次に、読む順番を入れ替える、文章ごとに交互に読み合う、ページごとに分担する、「今日は○○ちゃんが全部読んでくれる?」とリクエストしたりして遊びます。

子どもは絵本を読んでもらうのも好きですが、自分が読んでお母さんに喜んでもらうのも大好きです。読み合いっこも数遊び同様、親子のお遊戯。「どうやって一緒に楽しもうか」という視点が親御さんにあると、お子さんののめり込み具合も変わってきます。

お母さんが読み聞かせているうちに、お子さんがセリフや話の筋をすっかり覚えてしまい、まだ文字を読めないはずなのに、スラスラとよどみなくことばが口から出てくることがありますね。それは、「絶賛熱中中！」のサインです。

こうしたノリノリのときこそ、子どもの好奇心のおもむくままに絵本の世界を楽しみましょう。

もしも、絵本から脱線してオリジナルのお話を語りはじめたら、「それで、それで？」「へぇ、そういう展開になるんだ、すごいね！」「最後はどうなるの？」と、子どもの空想世界を一緒に味わってあげてください。

そうやって、小さいうちから親子で楽しい時間を過ごすことで、読書習慣が自然に身についていくのです。

音読遊び

すごくわかりやすく読めているね！

自信の種を育ててあげる

小学校では、音読の宿題があります。音読はとても大切なのですが、苦痛をともなう場合はほとんど効果がありません。

楽しくないと感じてしまう主な理由は、音読をただ音読としてこなしているだけだから。子どもには「読めている感」がないのです。

しかし、日常生活で文字としての「ことば」と、その「音」と「意味」を三位一体のセットで渡してあげ、読み聞かせの「交互読み遊び」に熱中する経験をしていれば「読まされている」といった苦痛とは無縁です。むしろ、音読が大得意になります。

とくに就学以前は、ことばを音でしっかりとらえる段階をたっぷり経験させてあげたい時期です。絵本の文字を子どもも目で追いはじめる頃になったら、ご家庭でも音読で遊んでみましょう。

学校の宿題のように「やらせる」のではなく、親御さんがお子さんに読み聞かせしてもらうポジションを楽しむのがポイントです。

さっそくやってみよう！

絵本、幼児童話など、お子さんがお気に入りの本を持ってきて「今日はママにお話を聞かせて」とリクエスト。「聞いているよ」というポーズではなく、本当に「聞き」ましょう。「へえ、そうなんだ」と合いの手を入れたり、「よっこらせ、どっこいせ」などお決まりのフレーズは一緒に声を合わせたり、「上手だねー」と褒め言葉を添えるなどお子さんとの一体感を楽しんでください。

合いの手やコメントといったリアクションが入ることで、子どもにとって音読が親御さんとの会話に変身します。

黙読力を支えるための大切な過程

少々勉強寄りの話になりますが、音読が果たす意味についてお話ししておきます。
中学受験を考えたとき、国語の力が全体的に足りないと感じる子に私がまずやってもらうのが音読です。

進学塾に入塾したばかりの4年生でも、もう一度国語対策を練り直したいという6年生でも同じ。お子さんと一緒に音読してみます。

その時点で、どれくらい「読めていない」のかが判明します。意味が取れていない部分で声がか細くなる、文節の切れ目がおかしい、句読点で一拍置かずにダラダラ読む、「つまり」など接続語の後もトーンがまったく変わらない。挙げればキリがありませんが、読めていない子はこうした状態にあります。

ところが、何度か一緒に音読を繰り返した後、同じ箇所を黙読してもらって「どんな話だった?」とたずねてみると、ほとんどの生徒が内容をことばできちんと説明できるようになります。自分のことばで説明できるということは、「読めている」ということです。

これが黙読から入ってしまうと、どこが読めていないのか、どのことばが見えていないのか、子ども自身が認識できないのでいつまでたっても「読めない」のです。

うまく読めていない子に、教科書や塾のテキストを黙読させても、残念ながらずっと「読めない」ままです。本人や周囲が「読めている」と思い込んで勉強を進めてしまうのは、なんとしても避けたいことです。

低学年の間はもともとの地頭でこなせたのだけど、高学年に入ったとたん壁にぶつかって伸び悩むというケースもあります。また、物語は得意だけど説明文が苦手という子やその逆もいます。

国語の能力はセンスだと思われがちですが、音読→黙読の実践で、お子さんの今の力を見える化できて、対策が練れることを覚えておいてください。

音読がたどたどしいときは、親御さんが先に読み聞かせをしてあげて、その後に音読させてあげると自信も出てきます。

忙しいお母さんには、名作の朗読CDなどが充実している市販のオーディオブックのほか、「Ａｕｄｉｂｌｅ（オーディブル）」がおすすめです。「読み聞かせは親がやるもの」という固定観念から解放されますよ。

4章

「おてつだい、単位、時計」の遊びで経験を豊かに

おてつだいで遊ぶ

将来の勉強につながるチャンスの宝庫

身支度遊び

〇〇を2つ持ってきて～

子どもが一番うれしいのは、ママが笑顔のとき

子育て中の親御さんは、毎日忙しいですね。とくにお仕事をもっておられるお母さんは、「もっと子どもと遊ぶ時間をつくりたい」「小学校へ上がる前に勉強に慣れさせておかなきゃ」と焦ったり悩んだりしがちです。

そんなときに思い出してほしいのが、「目覚めている間はすべて学びの時間」という、これまで本書でお伝えしてきた基本となる考え方です。日常の何気ないシーンを遊びにチェンジさせ、さりげなく学びの要素をしのび込ませていきましょう。

そこで大活躍してくれるのが、おてつだいです。

さっそくやってみよう!

保育園や幼稚園に持参する物を揃えるとき、「オムツを5枚取ってきて」「好きなエプロンを3枚持ってきて」というふうにおてつだいしてもらいます。リストをつくっておくと、「全部揃ったかな」と一緒に数えることもできます。「ありがとう!」「よーし、完了!」とごきげんなことばをいっぱいかけてあげてください。

お子さんからすると親御さんが喜んでくれるうれしさが、親御さんからすると毎日の身支度がラクになるというメリットがあります。そして、おてつだいをしながら数遊びを習慣化できます。
そう、この「身支度遊び」は、3章の「机の上にいくつあるでしょう遊び」の応用編なんですね。このように、親にとっては「やらなきゃいけない」ことも、子どもにとっては遊びの一つ、という視点をもつと、数遊びの幅が広がります。

おやつシェア遊び

ママはビスケット何枚食べていいの？

いろんな声がけでアプローチ

もう少し大きくなったら、生活のなかで「いくついるかな？」「全部合わせるといくつになる？」「みんなで分けるといくつかな？」といった計算が発生するたびに、お子さんとコミュニケーションしていくといいですね。

さっそくやってみよう！

5枚ずつ小分けされているビスケットが2パックあるとします。4人家族の場合、「1人何枚食べられるのかな？」という会話をしたり、実際に小皿に分けたりします。

このほかにも、お友達が遊びに来る予定があれば、「コップはいくついる？　ちらし寿司とケーキ用のお皿、全部で何枚いるかな？」と一緒に数えたり、日頃の食事でも、「プチトマトを2個、ブロッコリーを3個ずつみんなのお皿に盛りつけて」と任せてみたりしながら、かけ算やわり算を学んでいけます。

日常生活でこうした経験をしている子は、小学校に上がってからも算数でピンとくることが増えます。数が使えるツールになっているからです。

親御さんが自分で済ませたほうが早いことも、ちょっとひと声かけてみましょう。それだけで、生活のなかに算数がある環境をつくれます。

調理アシスタント遊び

ハンバーグのタネをこねるの任せていい？

「助かるなぁ～！」をいっぱい伝えて

料理の下ごしらえも、遊べるおてつだいです。幼稚園児くらいだとまだできることは限られますが、どんどんやってもらいましょう。

さっそくやってみよう!

ハンバーグのタネを軽く合わせたら、「こねるの任せていい？」とバトンタッチ。混ぜ終わったら、「6個つくるから6等分にしよう」と仕上げを一緒に。

ハンバーグは、こねるという作業そのものがワイルドで魅力的。どんな材料が入っていて、どんなプロセスを経て完成するのかを実感しやすいのもいい点です。餃子の皮包み、泡立て器を用いたメレンゲづくり、クッキーの型抜き、お米研ぎ、野菜の水切りなど、台所には子どもが夢中になれることがたくさんあります。時間は少し余分にかかってしまうでしょうが、子どもが得る体験は何倍も大きなものです。無理のない範囲で生活に取り入れてみましょう。

発見が知識欲に直結する

今挙げたのはほんの一例です。ご家庭によって、遊べるおてつだいを発明していってほしいと思います。子どもは親御さんに守られて生活しているため、大人がやっていることが見えていません。見えないと関心をもちづらいのですが、自分も参加してみるとごく自然に関心が湧いてきます。「香辛料って何?」とはじめて聞くことばに興味を示したり、「どうして餃子の皮に水をつけるの?」「卵ってなんで固まるの?」と目の前で起こる現象に好奇心が刺激されたりします。

そんな疑問を受けて、「あとで一緒に図鑑を見てみよう」「○○ちゃん先に調べておいて、ママに教えて」と、知る楽しさを伝えていけます。勉強の視点からいえば、その疑問を起点に算国理社すべての科目の学びへとつなげることもできるのです。

自分から勉強する子に育てようと、小さい頃からドリルを与えてガチガチに型にはめても勉強好きにはならないように、自分からおてつだいする子に育てようと、無理にやらせても、長続きしないでしょう。まずは楽しさを教えてあげたいですね。もちろん、親御さんの笑顔や「ありがとう」「助かったよ」という感謝の言葉、「おもしろかった?」という言葉が何よりの原動力になります。

かたづけで遊ぶ

日々の「任務完了感」が自信を育てる

資源ゴミ切り遊び

お肉のパックは柔らかいけど、牛乳パックは硬いね

「やって当たり前」はNGです

おてつだいの一環として、「これは○○ちゃんにお願いするね」と、小さいうちから家のなかの仕事を任せるのも子どもを熱中させるコツです。

どのご家庭でも手っ取り早く実践でき、しかも将来の勉強に直結しているのがゴミの分別や始末。家庭から出るゴミには、「燃やすゴミ」「燃やさないゴミ」と「資源ゴミ」があることを分別しながら理解できるようにします。

とくに資源ゴミの「容器包装プラスティック」は、素材の感触を実感できる学びの宝庫です。まず、お手伝い用の子どもバサミを便利な場所に常備してあげてください。

さっそくやってみよう！

お菓子やコンビニのお弁当容器などプラマークが表示されている包装や容器は、「容器包装プラスティック」用のダストボックスに分別することからはじめます。そのうえで、ペットボトルのキャップとラベルの取り外し、緩衝材などの発泡スチロールの解体などを一緒にやってみましょう。

スーパーの資源回収ボックスへ持って行くために、食品トレイを小さく切ったり、牛乳パックを切り開くなど、いろいろな資源をハサミで切る作業を任せます。

日常的にやっていると、「お肉のパックは柔らかいけど、牛乳パックを切るときは力がいるなぁ」と、教えなくても子どもは勝手に気づきます。クッション材の「プチプチ」を、両端からつぶして競争するのも楽しいものです。全部つぶすとなんともいえない達成感があるようですね。こうした発見がとても大切なのです。

ぜひ、お子さんを「資源ゴミ切り大臣」に任命してあげてください。家庭のなかで役割をもち、それをこなせると、「今日もちゃんとやったぞ」という充実感が子どものなかに湧いてきます。

親御さんは「やって当たり前」と思わず、毎日「任務完了だね！」「ありがとう！」と子どもの行動を認め、気持ちを表現してあげるといいですね。「やり遂げたぞ！」
↓「褒められた〜！」という喜びが子どもの自信として蓄積されていきます。

この「資源ゴミ切り遊び」が効果を主に発揮するのは理科です。中学受験の理科では、身近な素材を題材にした問題が頻出しています。お子さんが生活のなかで身の回りの物や環境に対するアンテナを立てているかを見ているのです。

ただ、難しく考える必要はなく、缶の分別をしていたら、「アルミ缶は手でつぶせるけど、スチール缶は硬い」というふうに、素材の質感がわかってくるといったことだけでも素晴らしいのです。

洗濯物たたみ遊び

今日もヨーイ、ドン！　だよ

お母さんと一緒だから張り切る

「うちは男の子だから、おてつだいもかたづけも関心ゼロ、無理です」というご家庭には、「ヨーイ、ドン！」作戦を。

たいていの子は、競争となったとたんに目を輝かせます。負けるのがイヤという子もいれば、とにかく一緒に動くのが楽しくて仕方がないという子もいますが、いずれも「ヨーイ、ドン！」で遊びにスイッチします。

さっそくやってみよう！

洗濯物を3対1くらいの量に分けてハンデをつけ、どっちが速くたためるか競争します。最初はタオルやハンカチなど簡単なものを渡し、徐々に下着やシャツなどたたみ方にコツがあるものを渡していきます。

後でたたみ直しになるかもしれませんが、少々のことには目をつぶって、笑いながら競争してみてください。ただ、こんなうれしいことが起こる可能性があります。親御さんが涼しい顔で手早くパッパッパッパッとシャツをたたんだりすると、「どうやるの？」とやりたがる。自分がたたんだものはタンスに入らなかったのに、お母さんのは全部入るのが不思議でやり直してみる。

「あれ？」「どうして？」と感じることがらは、子どもによってそれぞれです。子どもは未知の体験をするなかで、必ず何か発見します。そういう体験をおてつだいやかたづけを通して得るといいと思います。

おもちゃをかたづける、玄関の靴を揃える、リビングをサッと拭き掃除する。行うことは何でもいいのです。

肝心なのは、「ヨーイ、ドン！」作戦でその気にさせ、子どもがやり遂げたら、「任務完了だね！」と笑顔で伝えることです。

単位で遊ぶ

長さ、量、重さの理解は身体感覚から

定規遊び

〇〇ちゃんの親指は何センチかな？

スキンシップで心と頭が動き出す

子どもは成長するにしたがって、「これはあれよりも大きい（あるいは、小さい）」と比較する感覚をもちながら、自分を取り巻く世界と接するようになります。

よくよく考えてみると、私たちの身の回りは単位だらけです。

cm、ml、kgなど日常的な単位から、明るさを示すlx（ルクス）、電気のA（アンペア）など気づきにくい単位まで、いろいろな基準があるからこそ世の中の秩序が保たれています。

子どもの言う「大きいね」「小さいね」は、とりもなおさず「不思議だな」「もっと知りたい」という好奇心のあらわれ。この感覚をうまくキャッチし、「はかる」ことでものごとへの興味と理解を深めていけるのが「単位で遊ぶ」です。

幼少期の子どもが知っておくといいのは、長さ、量、重さの3つでしょう。

まずは長さです。遊び道具として使うのは定規です。「測る」という行為をさりげなく日常に溶け込ませて遊ぶメリットには、はかり知れないものがあります。

さっそくやってみよう!

15㎝(~20㎝)のプラスチック製定規を用意し、「○○ちゃんの親指の長さ測ってみる?」などと誘います。5指の長さ、5指を広げた幅など、子ども自身が目に見える場所からはじめ、口や鼻、耳、眉毛、髪の毛などいろいろなパーツへ。㎝という単位は理解できなくても気にせず、「○○ちゃんの親指は2㎝です」と伝えます。

3章「数をツールにして遊ぶ」(81P)でもお伝えしたとおり、子どもは自分のことを知るのが大好きです。だから、自分にとってとても身近な自分の体に親御さんが関心を向けてくれるだけで、ワクワク感がアップします。

いろいろなパーツを測ってノッてきたら、「お母さんの親指は?」と自分で定規を持って測りたがるでしょう。数字が読める子なら「お母さんは6だ！」などと言うはずです。そうすると、まだ小さくて数が数えられない子でも、「お母さんの6と○○ちゃんの3、どっちが長いかな？」というふうに会話を楽しめます。定規は学校の勉強で使うものという固定観念を捨ててみると、遊びの世界がグンと広がるのです。

「センチって？」のひと言が出るまで説明は我慢

子どもが定規で自発的に遊びはじめたとき、注意してほしいことがあります。「よし、今だ」とばかりに、「これが1センチの目盛りでね……」と単位を教えようとはしないということです。

教えたいというその気持ち、ぐっと抑えましょう。そして、子どもが知りたい気持ち満々で尋ねてくるのを待つのです。「センチってどれ？」「どこがセンチ？」「センチって何？」。いろんな聞き方をすると思います。

このとき子どもは、「単位」ということは理解していません。1cmと2cmがあると、2cmのほうが長いようだと感じるだけです。だから難しい話をする必要はまったくないのです。定規の目盛りを指しながら、「この印のことだよ」と言うだけで十分です。

mmも同じです。定規に慣れてくると、「この小さいのって何？」と気になりはじめます。そうしたら、「センチより短いこういう小さいところを測りたいときに使うんだよ」と実例を挙げながら教えてあげればいいのです。「ふーん、そうなんだ」となんとなく実感することを重ねた後に「単位」という概念を理解していくのが自然な学び方です。

子どもから質問が出てくるまでは様子見。いざ食いついた瞬間にほしがる情報を惜しみなく渡してあげると、あっという間にそれが血肉となります。だから、「早く教えなきゃ」と焦る必要はまったくないのです。必ずその時は来ます。

ぜひお子さんに、マイ定規を用意してあげてください。子どもにとって自分専用はうれしいもの。どんどん測りたがる子には、メジャーも用意してあげましょう。

「お父さんは何センチかな」と、私も定規やメジャーで何度も測ってもらいました。140cmの日もあれば、180cmを超える日もあるのですが、「本当は164cmなんだけどな」と教えると、「ウソだーっ」と言いながら慎重に測り直してくれる。それで、「160cmしかないよ、縮んだんじゃない？」と言い切る息子に苦笑させられたのもまた楽しい思い出です。

手幅歩幅遊び

公園の入口からブランコまで何歩かな？

理屈の前に実感

定規やメジャーというツールがなくても、子どもの手と足ではかって遊べます。

大工などの職人さんが、手の平をパッと広げた状態で対象物に当て、親指と小指の幅を基準に、「1、2、3……だから、20cm×3で60cmだね」といった具合に長さを測るのを目にしたことがあるでしょう。昔は、お年寄りもよくそんなふうにしていました。この計測の知恵は遊びに生かせます。

さっそくやってみよう！

まず「手幅遊び」です。「〇〇ちゃんの親指から小指はちょうど10cmだよ」と、キリのいい数字を教えてあげます。「キッチンテーブルの幅は、〇〇ちゃんの手の平5つ分だね、パパの手の平だと3つ分だ」というふうに遊びます。

同じように「歩幅遊び」も、「あの電柱まで何歩で行けるかな？」という具合に。砂場の周囲、広場や公園の対角線など、屋外のいろいろな場所で試してみてください。

本来は、「○○ちゃんの歩幅は□cmだから、△個分で□cm（あるいは□m）だね」という説明になるのですが、単位がわからないうちは「歩幅という基準で何個分」ということさえわかれば十分です。

2章「積み木で遊ぶ」のなか（65P）でもお話ししたように、何かを基準にしてると、はかることそのものが遊びになります。やがてそれが、比較やかけ算につながるのです。

長さ、量、重さなどの実感をしっかり先にもたせてから、そこに単位をはめていくのが、どんな子にもスッと理解させるコツです。

自分の体の次に実感があるのが親の体。その次が住んでいる空間や近隣の環境、毎日使っている道具です。

計量カップ遊び

コップのジュースの量はどれくらいかな?

水回りは絶好の学習チャンス

水のかさ（量）についても、基本は「何個分」の発想です。基準として用いるといいのが200mlと1000mlの計量カップ。または1ℓの牛乳パック。

さっそくやってみよう!

たとえば、いつも使っているコップに注いだジュースを200mlカップに入れて量を計ってみます。「150だ」「200まで入れようか」と、単位抜きで量を体感。お風呂では、1000ml計量カップを手桶代わりにして（計量カップに抵抗がある場合は牛乳パックで）、「お湯を全部使っちゃおう」。たくさん汲まないとお湯がなくならないという感覚がわかるだけでOKです。

1ℓ＝10dl＝1000mlという単位は、小2で習います。子どもたちにとってわかりにくい単元は、やはり後づけで教えるに限ります。

私がおすすめするのは、次のような方法です。幼稚園くらいの子に、1000ml入りの牛乳パックを見せて「〇〇ちゃんのコップに何杯取れると思う?」と尋ねると、「3杯」などと答えたりします。牛乳パックとコップの高さだけを単純に見比べているのです。でも実際にコップに注いでいくと、子どもの想像を超える量が入っていることがわかります。

そうやってかさを体感した後に、いろいろなサイズや形の牛乳パックを買ってきて、「ラベル読み遊び」（102P）の導入です。

「成分無調整、1000ml」「お、こっちは産地直送、200mlかぁ」。このとき、数字や単位のある箇所を指差しながら言ってあげると、子どもの頭の中で実際に体感した量と単位が知識としてつながります。

日常会話で単位に触れながら、実感をともなわせていく工夫が後々実ります。

時計で遊ぶ

最短で時間・速さ・距離の概念がわかる

秒針数え遊び

1、2、3……60、1、2、……

まずは一緒に眺めるだけでOK

親御さんが、できるだけ早いうちにマスターさせたいと思うものの一つが時計の読み方でしょう。小学校で習うのに任せていると、実際には小2の「時間と時計」の授業まで待つことになってしまいます。知育時計を買うまでもなく、ご家庭のリビングにある時計で遊びながら、小学校入学までに読めるようにしてあげましょう。

さて、その時計ですが、家庭のメインスペースにあり、家族全員が毎日必ず見る時計を使います。数字がはっきり書いてあり、シンプルで見やすく、秒針がピッピッピッと動く昔ながらのアナログ時計（できれば壁掛け）がベスト。インテリア性よりも、実用性重視で選ぶのがおすすめです。やり方は実に単純です。

さっそくやってみよう!

小さいうちはお子さんを膝に抱くなどして、リビングの時計を見やすい場所に座ります。そして、時計をぼーっと眺めながら秒針の進みに合わせ、一緒に「1、2、3……60、1、2、3……」と声に出して数えます。

まずこれが入口です。では、ここからどうやって、時計を楽しい遊び道具にしていくか。キーになるのが時針・分針・秒針、これら3つの針の動きです。

60まで数えるのに慣れてきたとします。秒針が2、3周したら、カンのいい子は「あれ? 長いほうの針が動いたよ」と、分針が進んだことに気づきます。子どもは動くものに興味をひかれやすいので、低年齢であればあるほど純粋な目で微妙な変化を見つけるものなのです。

もしも、お子さんが気づかないようなら、「60まで数えたら長いほうの針が動いたね」と教えてあげたり、「実は今、針がピッピッて動いている間にあることが起きました。さて何でしょう?」とクイズにしたりします。

そうやって、一緒に時計を眺めて数えながら、秒針が1周するうちに分針も動くということがわかってくると、かなりの確率で「短い針（時針）は動かないの？」と子どもは言います。そうしたら、「短い針が今どこにあるか覚えておいてね」と伝え、スマホで写真を撮っておきます。しばらく別のことをして子どもがすっかり時計のことなど忘れた頃を見計らい、「そうそう、さっきの時計の針どうなったかな」と一緒に時計とさっき撮った写真を見てみるのです。

幼児でも数えられる「秒」から

まとめると、まずは小さな子でも数えられる秒針から入り、次に3つの針の関連へとつなげていくのがセオリーというわけです。

とはいえ、時計の秒針は60秒で1周することがわかっても、そこから分や時の概念を一足飛びに理解できるかといえばそれは難しいことです。計算は10進法ですが、時計は1分＝60秒、1時間＝60分という60進法ですから、どうしても混乱してしまうのです。

だからこそ、お勉強として教えようとすると子どもに苦手意識を植えつけてしまうことになりかねません。小学校へ上がってからいきなり時計の読み方プリントなどでお手上げ状態にならないためにも、実生活のなかで実際に動いている時計を見ながら学ぶのが結局は近道なのです。「今は夕方の6時15分48秒、49秒、50秒……」と時計を一緒に見ては、時計を読んであげましょう。時計遊びをしながら、何度も見ているうちに「ああそういうことか」とわかるようになります。

時計がそこにあるから、子どもも自然に見ている。そう信じている親御さんは多いのですが、子どもは自分がわからないものは目に入りません。ですから、時計の存在を教えてあげ、関心を向ける工夫が大切。まずは一緒に見ることです。

ぐるぐる針回し遊び

秒針を15回回したら、分針はどこまで行く？

3つの針の関係がわかる

いまの「秒針数え遊び」を経験したうえで、知育時計やおもちゃの時計に触れるとさらに学びが深まります。

さっそくやってみよう!

子どもが好きな数字がたとえば5ならば、「秒針を回して、長い針(分針)を5にしてごらん」という具合に関心をもたせ、時計の秒針を指でぐるぐる回せば分針と時針も一緒に動くことを実感させます。「秒針を15回回したら、分針はどこまで行くと思う?」「じゃあ、分針を30回回したら、時針はどこを指すでしょう?」とクイズ形式へ。

時針を3時から4時にしようとして秒針をぐるぐる回しても「ぜんぜん進まないよ〜」といった試行錯誤が、3つの針の関係を知る機会になります。

4、5歳で時計が読めるようになった子なら、「時計を9時00分に合わせてください」「○○ちゃんが寝るのは何時？」などとリクエストして遊びます。

時を示す1から12の円の外側に0から59の数字が刻んであり、秒針と分針が理解しやすい「fun pun clock」（レムノス）、「スタディめざまし」（くもん出版）なども今の時刻をただ読むだけでなく、それぞれの針の動きを観察してみると、15分刻み、30分刻みといった感覚を育てることができます。

10秒で目を開けましょう遊び

どっちがピッタリでできるかな

ゲームにすれば熱中する

次の段階は、時間感覚を養う遊びです。

さっそくやってみよう！

秒針が12（一番上）のところに来たら目をつぶって、10秒ピッタリで開けたら勝ち。目を開けるのが遅くても早過ぎても、ピコピコハンマーで叩かれるといったゲームに

すると、子どもは熱中します。

親御さんが目をつぶる番のとき、子どもは秒針がピッピッと進むのを真剣に見つめるでしょう。心のなかで「1、2、3……」と数えながら秒針の動きを見ているとき、子どもは「時間の流れ」を体で感じています。自分が目をつぶる番では、針が進むピッピッの感覚を思い出しながら10数えています。たったこれだけの単純な遊びですが、時間感覚が刻まれていくのです。

時計そのものに興味を示さない子の場合は、この遊びの仲間の「何秒かかったかな遊び」が有効です。「新聞取ってきて、何秒かかるかな?」と親御さんが時計を見ながら時間をはかり、「この針がここからここまで動いたから、30秒だったよ」と教えてあげます。

楽しくなってきたら子どもは必ず「何秒だった?」と聞きに来ますから、そのたびに時計を見せて「この針が……」と、針が時間を刻んでいることを教えてあげます。

時計の読み方がまだわからない段階にある子も、「何秒かかったか」という時間感覚を得ることから、時計の読み方の習得へと移行していけます。

タイムキーパー遊び

短い針が3のところに来たら教えてね

時計を見る習慣から読む習慣へ

時針と分針が指している数字を見て「今、3時20分だ」とわかるようになる近道が、「見ておいてね」「教えてね」とタイムキーパー役を任せる遊びです。

さっそくやってみよう！

子どものテンションがアガるご飯やおやつの時間などをうまく利用して、「短い針が3のところに来たらおやつだから、教えてね」「今日は2時になったらクッキーづくりをはじめるから、見ておいてね」と声かけします。ほかのことに夢中で忘れているようなら、「まだ大丈夫かな？」と確認の声かけを。

タイムキーパー役に慣れ時計を見る習慣がついてきたら、2時などちょうどの時間から、2時半などの時半、さらに15分刻み、10分刻み、5分刻みといった単位を練習していきます。

「11時30分に家を出ようね」と時刻を伝えたり、「今何時？」と時刻を尋ねたりして、徐々に段階を上げていくのがコツです。

そうすると、子どもは保育園や幼稚園、駅やスーパーなどの時計が気になりはじめ、「今、3時20分だよ」などと教えてくれるようになります。

時計を見る回数に比例して、「時間って自分に関係しているものなんだ」という感覚が培われてくるのです。

先に紹介した「おてつだい遊び」や「かたづけ遊び」も、「8時30分までに終わらせようね」「5分でやるよ、ヨーイ、ドン！」というふうに、「時計遊び」との合わせ技で相乗効果は抜群です。

「速さの公式」までに、「時間」で遊ぶ発想を

急かすとか間に合わせるといった意識は横に置いて、生活のなかの話題として、「時間」に触れることがおすすめです。

たとえば、家から保育園へは自転車で5分ですが、ある日たまたま歩いて行ったら10分かかったとしましょう。そんなとき、腕時計を見せて「今日は10分かかったから

9時だよ」と教えてあげます。

また、自転車で5分の近所のスーパーへ車で行ったときは、「3分で着いた、早いね～」という具合です。

こういう話題を日頃からしていると、子どもは「同じ場所へ行くのに、手段によってかかる時間が違うんだ」ということが実感としてわかってきます。

これ、算数でいうと、「時間と速さと距離」の話そのものです。時間と速さと距離に何かしらの関係があることを生活のなかで学んできた子は、いざ学校で習ったときに「あ、あのことだ！」とピンときます。自分の体験や実感に引き寄せて考えられることほど、学習において強い基盤はないのです。

子どもにとって時計遊びが欠かせないのは、「○時○分」と時間が読めるようにならないと学校へ上がって困るからではありません。本当に大切なのは、「時間は流れている」という感覚を知ることにあります。

そこで次は、ここまでお話しした時計遊びの延長として、スケジュールなどの自己管理感覚を養う遊びについてお話ししていきます。

カレンダーで遊ぶ

時間感覚を育み自己管理能力へ

シール貼り遊び

おばあちゃんちに行くまであと何日？

大切なのは「時間は流れている」という感覚

1分は60秒、1時間は60分、時計の時針が1周すると12時間で、1日は24時間です。そして、1週間は月火水木金土日の7日、1カ月は4週間とすこしで、1年は12カ月。こうした時間に関する原則を理解するためのベースとして必要なのが、ご紹介してきた時計遊びです。

しかし、時計だけでは、1日・1週間・1カ月というものがサイクルで回っているということはわかりません。そこで、時計との掛け合わせでぜひ活用したいのがカレンダーです。子どもの目に触れやすいリビングに貼るのがよいでしょう。

時計とカレンダーを連動させると、「時間は流れている」ことが小さい子どもにも理解しやすくなります。この抽象概念がわかってくると、子どもの知的レベルはグンと上がります。

時間感覚の理解は、計画力の土台になるからです。

保育園や幼稚園に通いはじめたら、まずはカレンダーの存在を子どもに知らせましょう。

月単位のものを選ぶのが基本。子どもが好きな写真を使ったものや夢中になっているキャラクターものならば、「自分に関係するものなんだ」という意識が育ちやすくなります。さらに関心を高めるために役立つのがシールです。

さっそくやってみよう!

「おばあちゃんちに行く」「上野の科学博物館で遊ぶ」といった、子どもが楽しみにしているイベント日を一緒に書き込み、好きなシールを貼ります。カレンダーを見ながら、「あと何日だろうね?」「いよいよあと3日だね」と声をかけ、「今日」と「イベント日」がどれくらい離れているのかを生活のなかで話題に上げるのがうまいやり方です。

2、3歳であれば、「今日はここだよ」とカレンダーに毎日シールを貼っていくところからはじめてもいいですね。

毎日朝になったら、シールを1枚渡して貼らせてあげると、「今日」という感覚を持ちやすくなるでしょう。

「今日は土曜日だからパパもママもお休みだよ」「水曜日だからスイミングだね」といったコミュニケーションをとるようにすると、曜日ごとのリズムもわかってきます。

スケジューリング遊び

8時30分から本を読めばいいんだね、了解！

ママの時間を決めてもらう

5、6歳になったら、どこかのタイミングで子ども用の卓上カレンダーを渡してあげてください。「お友達と遊ぶ予定の日に☆印をつけてみる？」「習い事のスケジュールをこっちにも書いておくと便利だよ」というふうに、「自分用」として使うコツを伝えてあげましょう。卓上カレンダーの良いところは、1カ月全体がひと目で見えること、「来月はどうかな」と、月をめくって見やすいところです。子どもにとって遊びやすいサイズなのですね。

5、6歳になると、通園する日、通園しない日、習い事の日といった1週間の生活パターンができるでしょう。そうすると、「土曜日は朝早くからサッカーだから、金曜日は早く寝る」という時間管理の感覚がもてるようになってきます。

その感覚をうまく引き出して、実生活で使えるものに変えていくのが「スケジューリング遊び」です。

さっそくやってみよう！

カレンダーに記入済みのおでかけの前日、「明日は何時に出る？」「じゃあ、何時に起きる？」「ってことは、今日は何時に寝ようか？」と、一緒に行動の確認をします。そして、「じゃあ、ママは何時から本を読んであげればいい？」と、親御さんの行動もお子さんにスケジューリングしてもらいます。「ママの時間を決めてあげる」というところが遊び心です。

こうしたことを経験していくと、親御さんが「○時から○○するんだったね」と行動するのをお手本にして、子ども自身にもスケジュール感覚が芽生えてきます。

8時からの予定だと思って、8時からはじめようとすると、準備しているうちに8時15分を過ぎちゃったというのが子どもの感覚です。親子でスケジュールづくりをしていくと、すこし前から取りかからないと予定通りいかなくなるということがだんだんわかってくるのです。

そうすると、「習い事は4時からだから、15分前には道具を揃えておく」「金曜日は夕飯を早く食べ終わらないと好きなテレビが見られなくなる」といった時間の感覚を体得していけます。

この感覚は、小学校へ上がってから時間割を見て忘れ物なく揃えたり、宿題をいつやるかといった自己管理能力へとつながっていきます。

自分が生活している間中、時間はずっと流れていて、過ぎた時間は戻らないけれど、同じ時間のなかで自分の行動は変えていけるという感覚がわかれば、スケジューリングを楽しめます。

親御さんには、時計を用いた「秒針数え遊び」以降の遊びがここまで広がることをイメージして、お子さんと時計で遊んでいただきたいなと思います。

5章

「お買い物、おでかけ」の遊びで視野を広げる

スーパーで遊ぶ

リアルな数字センスを磨く

買い物プラン遊び

今日はどこから回ればいいのかな？

作戦会議をとことん楽しむ

本章では、家の外へ飛び出しましょう。

「家遊び」と「外遊び」をつなげると学びの好循環がつくれます。数、ことば、時計、単位などこれまで紹介してきた遊びを活かすチャンスは、実社会にあふれています。たとえば、日々のお買い物は絶好の機会です。

普段スーパーへ買い物に行く前に、チラシのチェックをすると思います。「今日はキャベツが特売だから、ロールキャベツにしようかな」と、チラシを見ながら、献立や予算などを頭のなかで検討していますね。それを子どもと一緒にやってみましょう。

チラシを一緒に眺めているだけで、食べ物の旬や、ひな祭りやクリスマスといった季節の行事に関する情報に触れられます。チラシで見たものを店頭で実際に触れることを繰り返しているだけで、子どものなかに知識として定着していく様は、そばで見ていておもしろいほどです。

そのためには、でかける前の準備から巻き込んで、買い物そのものを楽しい遊びにしてしまいましょう。「今日は子どもの日だからカレーにしよう」というとき、必要な材料を親御さんが書き出したり、お子さんに書いてもらったりして、チラシを見ながらリストアップ。そのうえでひと工夫して「買い物プラン遊び」です。

さっそくやってみよう!

スーパーの簡単なフロア地図を描き、コーナーごとに購入予定の品を親子で記入していきます。カレーならば、野菜コーナーにニンジン、ジャガイモ、タマネギ。そして、「どこから回る?」と、店内の回り方の作戦を立ててもらいます。ディズニーランドやUSJに行くときにアトラクションの回り方を考えるイメージです。

子どもは、お菓子売り場の場所は知っています。チョコ、飴、クッキー、スナック菓子などがどこにあるかもよく覚えています。自分にとって切実な問題なので、自然に覚えてしまうのです。

しかし意外に、ヨーグルトと牛乳が同じコーナーにあることを知らなかったりします。それも、フロア地図に描き込むと一目瞭然です。生鮮食品と加工食品の違いなど、食品の分類を知るのにも役立ちます。

また、スーパーを効率よく回る方法を考えるのは、迷路遊びに通じる楽しさがあります。地図を描くのが面倒なときは、肉、野菜、乾物、乳製品などのカテゴリーに分けてリストを書くだけでもOKです。

お買い物リストづくりを「作戦」にすることがポイントですね。

お得をゲット遊び

□□は○○円で、△△は○○円かぁ〜

「生活の数字」にバンバン触れる

スーパーに行ったら、「触っちゃダメよ」よりも「いくらって書いてある?」です。同じ198円でも、1ℓ牛乳パックもあれば、イワシ3尾の場合も。いろいろな商品の値札を見て、数と実際の物をつなぎ合わせながら日常で触れておくと、数字のセンスは間違いなく磨かれていきます。この「お得をゲット遊び」はクイズ形式です。

さっそくやってみよう!

たとえば、キャベツの丸1個と半分があるとき、「どっちがお得?」と質問します。子どもが値札だけ見て安いほうを答えたら、「そっちは半分だね。それが2つでこっちの1個分になるけど、どっちが安いかな?」と話しながら一緒に計算してみます。

理屈っぽくいえば、算数の「割合」の話ですが、スーパーでそんな難しいことを考える必要はありません。毎日の買い物の際、親御さんが猛スピードで考えている内容をことばにして聞かせてあげればいいのです。

「今日は鶏もも肉がグラム180円で2枚入り600円か。ちょっと高いなぁ。あ、鶏ムネ肉はグラム80円で3枚入り700円だからこっちにしよう」。「なんで高いほうがいいの？」と子どもが聞いてきたら、パックのシールの「100gあたり○○円」という表示を見せてあげます。「もも肉は333gだけど、ムネ肉は875gも入っているの」と比べてみせて、「同じ100gにすると、ムネ肉のほうがずっと安いね」と話してあげてください。

他のパックにも目が向いて「本当だ！　こっちは465円だけど、100gは80円で同じだね！」と気づくようになると、スーパーの肉・魚売り場が子どもにとってがぜんおもしろくなっていきます。

値札チェックで算数の文章問題が得意になる

こうして、大きさと量と数を一度に検討する体験を小さい頃からしていると、小学校に上がってから算数の文章問題でつまずくリスクが減ります。

「みかん2個とりんご1個は全部でいくつ？」という問題を解く式は「2＋1＝3」

です。しかし、この式はいつもみかん2個とりんご1個ではありませんね。数字にはいろんなものが当てはまるということを身をもってわかっていると、文章問題と計算問題はつながっていることがすぐ理解できます。この経験を経ずに小学校でいきなり数字に触れると、数字が物とつながっていることがなかなか理解できず、計算式のドリルはこなせても、文章問題がさっぱりわからないということが起きるのです。

生きた数字にどんどん触れさせてあげてください。ドリルの前にスーパーの値札です。割引、％という概念がわからない段階でも、「今日はひき肉20％割引だって。ってことはこのパックは500円だから400円だ。いくら安くなってる？」というふうに、「算数」の意識は捨てて、「生活の数字」にバシバシ触れていきましょう。

おやつはお任せ遊び

300円でおやつをよろしく

小さいうちから「社会経験」

数が数えられる子には、「おやつはお任せ遊び」です。

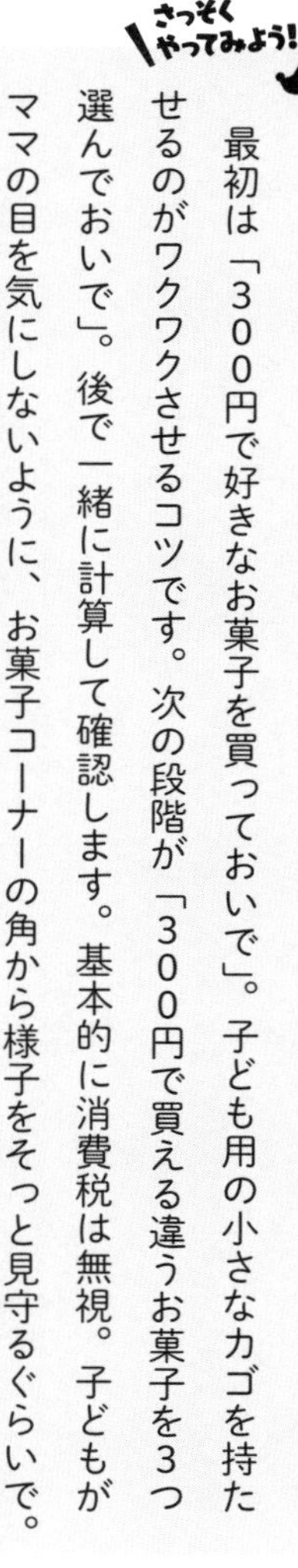

最初は「３００円で好きなお菓子を買っておいで」。子ども用の小さなカゴを持たせるのがワクワクさせるコツです。次の段階が「３００円で買える違うお菓子を３つ選んでおいで」。後で一緒に計算して確認します。基本的に消費税は無視。子どもがママの目を気にしないように、お菓子コーナーの角から様子をそっと見守るぐらいで。

まだ計算できない子でも、「１００は大きい、50はそれよりは小さい」という感触を元に、値札を見比べながら当てずっぽうでもトライしていると、実生活で使える数の感覚が磨かれてきます。

どうしてもほしいお菓子があって予算オーバーしている場合などは、「20円オーバーしているからこっちの80円のを60円までのものに替えたら大丈夫だよ」と入れ替える体験を。計算を挫折してしまったときは、「まだ１２０円分買えるよ」とアドバイスしてあげ、一緒に選ぶところからはじめてもいいですね。

小学生になったら、１人でお菓子コーナーに行かせ、パブリックな空間で一度親の元から離れる体験をするのもいいでしょう。自立心を育てるという、違う視点からのメリットもあります。

通園で遊ぶ

予定調和ではない環境で、好奇心の芽が開く

ルール遊び

白線から落ちたら負けなんだね、ママもやっていい？

子どもを王様にしてあげる

最も日常的な「おでかけ」といえば、通園、通学。短時間のことでも大切にしたい時間です。なぜなら、屋外は子どもが主体になって、遊びを見つけられる空間だからです。

家のなかというのは、親がつくった空間なので予定調和なのですね。言い換えれば意外性がないわけです。しかし、外の世界は刺激にあふれ、混沌としています。そのなかで子どもが心惹かれたものに夢中になり、自分なりのルールで遊びはじめるのは、賢くなるチャンスでもあるのです。

子どもの頃、「白線の上しか歩いちゃダメ、落ちたら負け」といったルールを自分で勝手に決めて遊んだ記憶はどなたにもあると思います。信号が赤から青に変わるのに「10、9、8……」と数えてピッタリのほうが勝ちとか、電柱から電柱まで必ず10歩で行くといった「設定遊び」を子どもがはじめたら、「どんなルール?」「一緒にやっていい?」と乗ってあげます。

自分でルールをつくって遊ぶというのは、鬼ごっこでも新ルールをつくってみたりと、子どもの世界では普通にあることですね。そのとき、子どもはどんな力を使っているのでしょう。それは「創意工夫」「創造」の力です。アイデアで止めずに実践に移す力でもあります。大人になるとなかなか伸ばせない力ですが、子どもは遊びで伸びるのですね。

いつもと違う道を通ったり、公園や広場に寄ってみたりするだけで、子どものなかでいきなりおもしろい遊びの発想が生まれることがあります。日常のちょっとしたおでかけから生まれる遊びを大切にしてください。

自然観察遊び

アジサイが咲いたね、どの色が好き？

日常のなかで本物体験

外を歩いていると、いろいろなものが目に留まります。季節の変化にも、気づきやすくなります。自然観察は理科好きになるよいきっかけなのですが、「やらせよう」「学ばせよう」ではなく、これも脱・予定調和で子どもの関心を軸に広げていきます。

さっそくやってみよう！

子どもがじっと見入って動かくなるほど何かに夢中になったり、「これ何？」「なんて名前？」と熱心に聞いてくるものについて教えてあげるというのが基本スタンス。子ども側から出てこない場合は、「ツツジはもう終わりだね」「アジサイが咲いたね」と目に見えるものを話題に上げたり、近所の川や用水路を眺めて「魚はいるかな？」というさりげない投げかけを。

大切なのは、子どもが外の世界で見つけた好奇心の種を親がキャッチすること。川

にメダカを発見して驚いているようなら、「メダカをもっと近くで見たい？」とホームセンターへ連れて行ったり、一緒に図鑑を開いたり。

さらにそこから派生して、魚屋の水槽や水族館で知識を広げてあげましょう。

子どもは何に夢中になるかわかりません。乗り物、建築物、看板といった「モノ」の場合もありますし、色、音、匂い、感触といった形のない何かの場合もあります。

親にとっては意味を感じないようなものに反応したときこそ、親御さんはわが子のアンテナをしっかりキャッチしてあげてください。

地図で遊ぶ

見える世界が広がり、社会的視点が手に入る

グーグルマップ遊び

ディズニーランドはどこにあるかな？

地図が苦手なお母さんも大丈夫

「週末、おじいちゃんちに行こう」「日帰り温泉旅行をしよう」「初ディズニーランドだ！」というおでかけのときに役立つのが地図です。

まず、固定観念を取り払ってほしいのですが、「地図は小学校に上がらないと読めない」というのは誤った認識です。

もちろん、「社会科がはじまる小3からでいい」というのももったいない話。「うちの子はまだ幼稚園生なので、47都道府県も日本列島の形も知りません」というケースは多いと思います。ですが、おでかけをさらに楽しくするために大活躍してくれる地

図を、わざわざ後回しにすることはありません。

そこで、親御さんの日常を振り返ってみてください。仕事や用事で最寄り駅から目的地へ向かうとき、スマホの乗換案内アプリで路線を調べたり、グーグルマップなどのデジタル地図で駅からの道順を確認することはよくあると思います。それなら、子どもに対しても難しく考えず、デジタルをうまく使って「地図で遊ぶ」感覚を教えてあげましょう。

さっそくやってみよう！

グーグルマップに目的地を入力。経路検索し、「家からこういう道順で行くんだよ」と画面を見せます。指でなぞって、「こう行って、こっちかあ」と道順を見ているところで、地図をどんどん縮小させていきます。5㎝あった経路が1㎝になり、5㎜になり、とうとう見えなくなって代わりに日本地図全体の形が見えてきます。

そして次は地図を徐々に拡大して、また経路が見えるようになったら、自分の家がわかるぐらいまで広げます。この伸縮自在なところがデジタル地図のいいところです。

一般に地図は、どこかへ移動する目的があってはじめて利用するツールです。

「早く47都道府県を覚えさせよう」と親御さんが意気込むとお勉強になってしまいますが、イベント的なおでかけに絡めて地図に触れていけば、「どこまで行くの？」「それって何県なの？」「北のほうってどっち？」などごく自然に地理に関心が生まれます。

「知りたい！」というモチベーションをもたせてしまえば、おでかけの際、子どもが勝手に地図を開くようになるまで時間はかかりません。

なぜなら、「地図って便利だな」と腹落ちするからです。

「ディズニーランドは家から見ると右（東）のほうにあるんだね」「今日行く温泉

は、おじいちゃんちと反対方向だね」というふうに、画面を見ながらおしゃべりするだけでも東西南北の感覚が養われていきます。

また、グーグルマップは家から一番近いスーパーまでの地図もすぐに表示できるのが非常に便利です。「今日はこっちの道で行ってみる？」という会話に、地図がプラスされることで地理感覚や方向感覚が育ちます。地図で発見した新しい道を実際に歩いてみると、「ここにつながってたんだ！」という発見も生まれ、迷路遊びのような楽しさも体験できます。

こうして地図を見てから実際に歩く体験をすると、自分を外から見る目も養われていきます。俯瞰的な視野をもつのに地図は絶好のツールです。

通園、通学などの日常的おでかけからイベント的おでかけまで、どんどん取り入れてみてください。

リビングに日本地図を貼れば怖いものなし

この「グーグルマップ遊び」と並行して、押さえておいていただきたいのが王道の紙地図です。日頃から目に触れる場所に地図があることは、やはりとても大事。平面の日本地図をリビングに貼っておきましょう。

地図は、47都道府県が色分けされ、県名と県庁所在地が記されているシンプルなものので結構です。小さな子が関心をもちやすいよう、ひらがなで書かれているか、ふりがな付きのものがベストですね。

ただ、日本地図を貼ればよいのではなく、自分の家、親御さんの実家や親戚宅、家族旅行で訪ねた場所にシールで印をつけたり、ニュースの災害情報を見ながら「大分県はここだよ」と話題に上げるといったことをしていけるといいですね。

そうやって、リビングの地図に目をやる習慣がついてくると、子どもは自分が住んでいるところを中心にして、「東京の隣に埼玉県や千葉県がある」「一番寒いのが北海道で、一番暖かいのが沖縄」といったザックリした位置関係や気候の特徴をイメージできるようになります。

実際には見たことも訪ねたこともない遠い地域のことを、リアルに想像できるのは、地図によって見える世界が広がっているということ。つまり、俯瞰的な視点が育っているということです。

そうした視点を育てるための科目が、小3からの社会科で、学習の軸はもちろん地図です。小さい頃から地図に親しんだ子は、社会の授業にもスッとなじめて将来の学力で大きな差となって表れます。

地球儀くるくる遊び

日本はどーこだ?

目につく場所に置いて遊び倒す

デジタル地図と紙の日本地図に併せ、地球儀も身近に置きたいツールです。

小さな子に「世界」という概念はつかみづらいものです。世界のなかに日本があるということを理解するには、地図というビジュアル刺激が力になります。

そこで世界地図なのですが、平面のものよりもまずは地球儀がおすすめです。アメリカとヨーロッパが海を挟んで近い距離にあることなどが、球体だと一目瞭然です。そして何より、手に持ってくるくる回して楽しめるのがいいところです。

お子さんが小さいうちは、世界の地理を知識として教えようとする必要はなく、地球儀をおもちゃのように遊び倒してください。

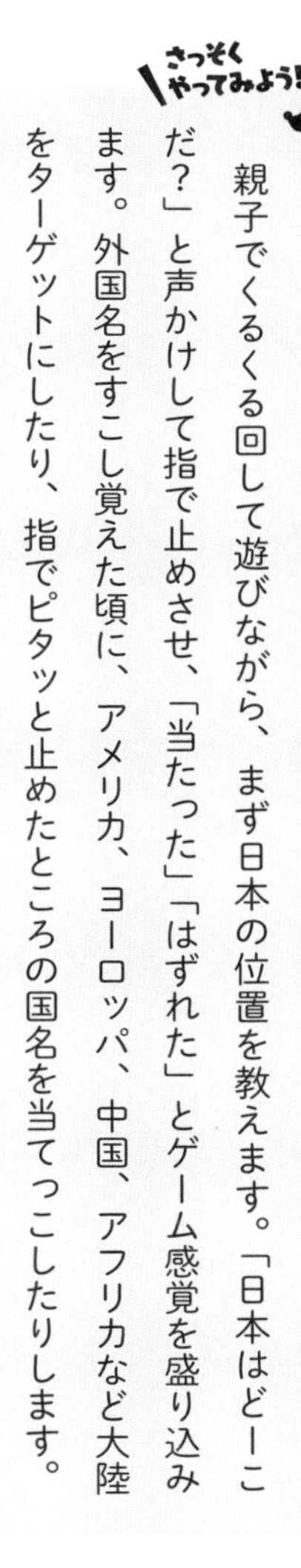

親子でくるくる回して遊びながら、まず日本の位置を教えます。「日本はどーこだ?」と声かけして指で止めさせ、「当たった」「はずれた」とゲーム感覚を盛り込みます。外国名をすこし覚えた頃に、アメリカ、ヨーロッパ、中国、アフリカなど大陸をターゲットにしたり、指でピタッと止めたところの国名を当てっこしたりします。

海外旅行の予定がある場合は、「ハワイはここだよ」「こうやって飛行機で海の上を飛ぶんだよ」と、期待を膨らませるような話をたくさんしてあげましょう。リアルのおでかけがあるから地図が役立つのは、近所であれ海外であれ同じです。

地球儀は、子どもが一人で持ち歩けるサイズのものを。置き場所の定位置はテレビの横です。旅行予定先が情報番組やニュースで取り上げられたとき、すぐ手に取って確認できると、日常に欠かせないツールになっていきます。

電車で遊ぶ

小さな冒険が、使える知識を増やしてくれる

各駅停車の旅遊び

今日乗る路線の全部の駅で降りてみよう

子どもの「好き」に共感しよう

「息子が電車に乗るのが大好きなんですが、何がおもしろいのかさっぱりわからなくて……」。こういう悩みをもつお母さんのために、この項目では電車についてお話しします。

お母さん方の気持ちが、私には実によくわかります。うちの息子も電車好きなのですが、私自身はまったく興味がなかったからです。でも、何を楽しんでいるかが知りたくてつきあっているうちに、観察してわかったことがあります。

電車好きな子というのは、まず電車に名前がついていること自体が楽しいんですね。

驚かれるかもしれませんが、そんなシンプルな理由なのです。

新幹線なら「N700系」といった系統名や「あずさ」「くろしお」といった特急名。そのほかに駅名、路線名もあります。こういった名前をたくさん知りたいというのは「収集欲」の表れです。「知ってる！」と言える知識が増えるたびに楽しいのです。

そして、とにかく夢中になるのが路線図なのですが、そのなかでも一番のポイントが分岐点です。「○○駅で□□線が乗り入れている」「○○駅から△△線に乗り換えたら、最終地点の××駅まで行ける」。新しい道を発見する楽しさがあるのでしょう。迷路遊びの感覚とも似ていると思います。

駅の時刻表を見たがるのも、何をおもしろがっているかというと、「○○線は1時間に10本走ってるけど、□□線は4本しかなかった」といった比べる楽しさであったり、「○○駅に12時48分に着くのが△△駅を12時22分に出た急行だ」と発見するおもしろさです。

そのおもしろさの先には、本の時刻表でさまざまな線を見比べ、架空の旅を想像する遊びもあります。

では、ホームや跨線橋（こせんきょう）などから電車を見たがるのはどういう理由か。カギは規則性とスピード変化です。電車が予定時刻通りにホームに滑り込んでくる規則性。そして、減速しながらホームに入り、また加速して走り出すという速さの変化そのものがおもしろいのです。メカニックな関心が強い子には、たまらない瞬間なのでしょう。

とにかく乗るのが好きという子にとっては、電車が決まったレールの上を走り続けるということ自体に高揚感があるのだと思います。車輪がガタゴト進みながら振動し、大きな機械を自分で動かしているような、錯覚をもたらすのでしょう。

電車に関する本やグッズを集めたがったり、駅の路線図をいつまでも見ていたりするのも理由があるのですね。

ここで私がお伝えしたいことは「電車好きになろう！」ということではありません。いや、なってもいいのですが、それよりも大切なことがあります。「この子はどういったところを楽しいと思っているんだろう？」と子どもを観察してその心を理解しようとすることです。

「何がおもしろいのかさっぱりわからない」で片づけず、「もしかしたらこんな楽しさかな」と共感するスタンスを大切にしてほしいのです。このようなことを知っておくと、声かけも自然とポジティブなものに変わっていきます。

算国理社を発見できる時間

息子の喜ぶ顔が見たくて、一緒にいろいろな路線に乗ってきました。

関西から上京して8年ですが、息子は首都圏のほとんどの路線を把握しているようです。

一方、私は息子がいないと乗り換えがまだよくわからないという状態。そんななかで発明した、わが家の遊びを紹介します。

「各駅停車の旅遊び」です。

＼さっそくやってみよう！／

お子さんが乗りたがる路線のフリーきっぷを購入し、すべての駅で降りて駅周辺を散策します。

おでかけの醍醐味である、予定調和ではない環境のなかで、お子さんが反応したものに親御さんも乗っかってあげましょう。

駅名看板の前で写真を撮ってあげ、駅ごとの時刻表集めを手伝ってあげる。観光ガイドの地図を見て、「有名なお寺があるんだって」と会話する。1駅ごとに駅の雰囲気や景色が異なり、冒険気分が味わえるのがいいところです。

「各駅停車の旅遊び」のほかに、周遊券を使って1日がかりで広範囲を大移動するという遊びもおもしろいですよ。

一例を挙げると、関東であればJRの首都圏全域が対象の周遊券を使って、自宅最寄り駅を朝7時に出発。神奈川県へ入って横浜へ。そして西に向かって、茅ケ崎へ。そこから北上してまた東京の八王子、その後、埼玉県の川越、茨城県の土浦へぐるっと回って夜8時に帰宅といった具合です。

これだけの範囲を巡ると、地形や景色が次々と変わっていくのが実感できます。場所によって、民家の点在ぶりや畑の様子がぜんぜん違います。そういう変化を眺めているだけでも楽しく、また、そういう時間のなかにこそ学びがあります。

「あの駅名なんて読むんだろう?」「○○駅まで20分ってことは、この特急は時速

130kmくらい?」「このあたりはサツマイモの産地だ」「山の向こうが夕空になってきたよ」。おわかりのように、算国理社の要素がみっちり詰まった濃厚な時間を過ごすことができるのです。

全国の路線図を見ていると、都道府県も自然に覚えます。こういった興味関心が学習につながる点は、電車に限りません。動物好き、恐竜好き、人形好き、サッカー好き、ゲーム好き……どんな「好き」にも学びのつながりがあります。

大切なことは、親御さんが子どもの心に共感すること、楽しさの意味を見つけてあげることです。

6章

「アプリ、ゲーム、宿題」の遊びで自立心を確かなものにする

アプリで遊ぶ

知識定着の助っ人として有効活用

「楽しんでるからOK♪」で正解です

近年、飛躍的に進歩しているのが学習系アプリです。私も子どもが小さい頃から一緒に利用してきました。2020年から小学校でのプログラミング教育が必修となることもあって、パソコンやタブレットでの教育に親御さんの関心も高まっていますね。しかし、「与えるとのめり込んでしまうのでは?」という不安の声をよく耳にするのも事実。そこで本章では、これらとのつきあい方をお話ししていきます。

まず、どんなアプリを選ぶかですが、そのアプリが知的好奇心を刺激するタイプか、ただ反射神経を刺激するタイプかを判断基準にするとよいでしょう。学力を伸ばす目的なら、後者はなるべく避けてください。基本的に、親御さんのスマホやパソコンを使わせるご家庭がほとんどだと思います。先にデモ体験をして内容を確認し、レビューにも目を通しておきましょう。

ただ単に与えるだけでなく、遊んでとせがまれたときの親御さんの引き出し、クイズのネタ帳として利用。漢字や地理などご自身の苦手分野を一緒に学べるメリットも。

家事に追われたり、仕事が立て込んで余裕がないとき、子どもが一人で遊んでくれたらラクですね。でも、そこでアプリを利用することにどこか罪悪感を抱いてしまうことがあるかもしれません。「勉強のためになるからいいの」とアプリを正当化しようとすると、逆に自分がズルをしている気になる方がいるようなのです。でもそんなに難しく考えることはありません。

子どもが楽しんでやりたがるからＯＫ。知的な刺激があるから、何もせずにぼーっとしているよりずっとましというくらいの気持ちで与えていいのです。「遊び」なのですから。

ポイントは、「夕飯の準備ができるまでの30分だけ」というふうに子どもと一緒にルールを決め、ダラダラと続ける状況をつくらないこと。ルールをきっちり決めればアプリは知識定着の助っ人として大活躍してくれます。

ゲームで遊ぶ

思考のトライ＆エラーで頭脳を鍛える

遊べば遊ぶほど頭がよくなる

学習系アプリや子ども用プログラミング言語「スクラッチ」などのデジタル系に対し、ボードゲームやカードゲームのアナログ系は、また違った知的刺激があります。

さっそくやってみよう！

アナログ系は、対戦者がいることで勝利にこだわりが生まれ、集中力が鍛えられます。他のプレイヤーの考えを読む力が磨かれる点は、デジタル系にはない魅力です。

デジタルとアナログ、どちらにも共通しているのは論理的思考を育てる点において非常に有意義だということです。小学校に入ると、答えの決まった課題を一方的に与えられることが増えます。その価値観が植えつけられる前に、こうしたゲームを通して自分の頭で考える楽しさを知っておくと、地頭のよさにもつながっていきます。

テレビで遊ぶ

知的刺激あふれるネタをアップデート

先生ごっこ遊び

今の人、何て言ったか教えて

声かけ次第で効果絶大

目の敵にされがちなテレビですが、これもつきあい方次第です。テレビのいいところは、映像と音声を同時に受け取れる点。視覚と聴覚のダブル刺激を処理するのは小さな子どもには大変なことですが、工夫次第で聞き取りの練習になるのです。

さっそくやってみよう!

最初の段階は、「今のタレントさん、何て言ってたの?」と、子どもに「教えて」と声をかけます。そのときは答えられなくても、「次はもっとよく聞いておこう」という意識が高まって聞き取れることが増えていきます。

次に、「あしたのお天気はどうなりそう？」といった具合に天気予報やニュースの情報を整理して伝えてもらう段階へ。「教えて」「聞かせて」と先生ごっこを楽しむような親御さんのスタンスが、子どもをその気にさせます。

テレビを見ながら、子どもが「〇〇って知ってる？」「□□って何だっけ？」と尋ねてくることがあります。そういうふうに会話の素材をピックアップする装置として、テレビはこのうえなく便利です。

なぜなら情報量が多く、また、常に目新しい情報に触れられるからです。つまり、親子の会話のネタを、アップデートしてくれるというありがたい面があるのです。

その「〇〇って知ってる？」に「テレビで知ったの？」「よく覚えてたね、すごい」と返してあげると、また何か新しいことを覚えて、お母さんに教えてあげたいという好循環が生まれます。

親子一緒のときは、テレビを見ている間じゅうその世界に浸るのではなく、クイズ番組で韓国の地図が出てきたら、「そういえば韓国の人って野菜をいっぱい食べるらしいよ」などと、どんどん脱線しながら会話を楽しめばいいですね。

あくまでもテレビは会話のネタのきっかけです。

受け身になってダラダラとテレビを見ることは害にしかなりませんが、このように関わっていくと、テレビに対して受け身でなくなります。

「消しなさい！」「いつまで見てるの」と叱らなければいけない状況も生まれず、主体的に関わっていけます。「テレビは夕食後30分」「大好きなアニメが終わったらすぐに消す」「一人のときもテレビはつけっぱなしにしない」というルールを設けた際も、子どもは当然のこととして受け入れていきます。

自立心はこんな日常から育つのです。

宿題で遊ぶ

楽しみながらこなせば「自分からやる子」に

計算ドリル遊び

今日で20問連続正解達成だね！

「勉強嫌い」なんて無縁

ここまでは、アプリ、ゲーム、テレビといった、子どもがのめり込んでしまいがちなツールとどう向き合うかについてお伝えしてきました。それとは逆に、子どもがやりたがらない宿題を、自分からやる子になるにはどうすればいいかお話しします。

宿題を、提出するだけのものととらえていると、「宿題もうやったの？」「チャッチャと終わらせてね」といった声かけになります。そうなるのも自然な話です。

でもそれでは、子どもにとって宿題は永遠に面倒でつまらないものにしか映りません。どうせなら、宿題さえも楽しんでしまう遊びの天才に育てたほうが将来のためで

す。そこで発想を変えて、宿題も「遊びの一つ」にしてしまいましょう。

終わらせることを目指すのではなく、宿題を使っておもしろいことができないか考えるのです。

たとえば、算数の計算の宿題を遊びに変えるには、「スピードを追求するか」「正確さにこだわるか」の二つの方法があります。

さっそくやってみよう!

スピードを追求する場合は、「ヨーイ、ドン!」でタイムを計ります。正確さにこだわる場合は、「10問連続正解!」といった具合に記録で盛り上げます。「1週間連続の新記録達成」の経過をカレンダーに書いてあげるのも手です。

たったこれだけの工夫でも、熱中する子はたくさんいますよ。

なりきり音読遊び

今日はヒソヒソ声でやってみよう

結局、楽しんだ人が勝ち！

低学年の宿題の定番といえば音読。国語力をつける基盤ですから、たっぷり楽しみたいですね。そこで「なりきり音読遊び」です。

さっそくやってみよう！

家事をしながらでも、まずは「お母さん聞いているからね」と声かけ。そして毎回、「今日はヒソヒソ声で」「どれだけ大きな声で読めるか」「芸人の○○のモノマネで」とテーマを決めます。「うまいね」「いい声だ！」「おもしろい〜」とリアクションでやる気を引き出すのがポイントです。

ひらがなや漢字をノートに書く宿題でも、ただ書くだけでなくひと工夫したいですね。よそ見をせずに何個連続で書けるか数えるだけでも、ゲーム性が出てきます。最近は、指定のひらがなや漢字を使ったことばの調べ学習的な宿題が増えています。「食べ物しばり！」「今日は地名で！」と探すことばを制限すると、一緒に辞書を開く楽しさが増します。

要するに、宿題を材料にどれだけ膨らませるかということなのです。たとえば博物館や美術館へ行ったとき、全部見て回ることを目的にしたら味気なくつまらない時間になってしまうでしょう。それよりも気になるポイントで解説をじっくり読んだり、繰り返し見たりする。時間内に全部を「こなす」考えの人には、その時間はムダのように思えるかもしれませんが、気持ちと共に触れる体験は、記憶に刻まれ、感動が残り、知識が増えます。実は、宿題もそれと同じです。

お受験前の子や低学年の場合は、親御さんのフォローが不可欠です。しかし、小さいうちに宿題で遊ぶことを覚えれば、勉強に対する自主性が育ちます。それが将来の本格的な勉強を下支えすることは間違いありません。

親子で一緒に遊べる

コンテンツ&ゲーム

アプリ & ゲーム

音楽絵本 銀河鉄道の夜

音楽絵本出版
¥240

物語をより美しく彩る絵と音楽

2万人以上にダウンロードされた、音楽と絵本を融合させた美しい絵本アプリ。ベルギーを舞台とした新しい世界観の「銀河鉄道の夜」に子どもも魅了されるのでは。

ゆびつむぎ

エクストーン
無料
(APP 内課金あり)

指先で絵と触れあう

人気絵本作家やイラストレーターの絵に触れると、まるで魔法のように動物や植物が生まれます。新しい世界に触れる楽しさを味わいながら、親子の会話も広がっていきます。

マピオン おでかけアルバム

マピオン
無料

地図の上に思い出がつながっていく

地図と写真で思い出をつないでいく、新感覚のアルバムアプリ。週末のお出かけや家族旅行が簡単に素敵なフォトアルバムになります。自由研究にもぴったり。

3匹のこぶた 〜しかけ絵本シリーズ〜

ゼロダッシュ
無料

息を吹きかけるとこぶたが……!?

「3匹のこぶた」を題材としたしかけ絵本アプリ。ヒー、フー、ミーの3匹のこぶたそれぞれの視点で物語は始まります。息を吹きかけて絵が動いたりと楽しい仕掛けが。

世界の昆虫採集

BOYCRAFT
¥400
（ライト版は無料）

架空の森で
昆虫を集めよう!

現実の時間帯に連動した架空の森を探索しながら、昆虫を採集していく知育エンターテイメントアプリ。約70種類の昆虫はリアルなCGイメージで見事に再現されています。

花しらべ花認識

masahiro
mizutani
¥840

目の前の花が
すぐに調べられる!

花の正面から写真を撮れば、花の名前を教えてくれるアプリ。3000種、1万6千以上の写真を収録。目の前の花の名前がすぐわかれば記憶にも残りやすく、植物により親しめるでしょう。

わたしの
ほんやさん

&handworks
無料

バーコードを読めば
気分は本屋さん

バーコードの読み取りでレジ遊びから始まり、次は本を読んでメダルをもらってと、年齢に応じた楽しみ方ができるアプリ。自分が読んだ本を本棚にためていく収集欲も刺激されます。

動く!動物図鑑

hulmo
¥360

ムービーも楽しめる
新感覚図鑑

好きな動物をリストから選び、ムービーで見ることのできる図鑑アプリ。生態などの情報に加え、各動物の大きさを比較するページなど多岐にわたって楽しめる。（i pad専用アプリ。i phone専用アプリもあり）

算数忍者九九の巻

ファンタムスティック
無料

かわいい忍者と共に数字を斬る

三択クイズの形式で九九を解いていくアプリ。主人公のかわいい忍者が数字を斬っていきながら進んでいく様が気持ちよく、算数嫌いのお子さんも楽しんで取り組めるのでは。

あそんでまなべる日本地図パズル

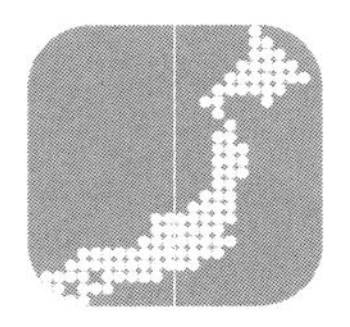

デジタルジーン
無料

パズル感覚で地名を覚える

テンポよくゲーム感覚で都道府県の位置や名前を覚えられるアプリ。自己ベストタイムを縮めようと夢中になって遊べます。難易度も3種類、アシスト機能もついています。

漢検スタート

イマジニア
一部無料

豊富なドリルで漢字トレーニング

実力診断機能や模擬検定などさまざまなモードで現在の漢字力を知り、15000問にも及ぶ問題でトレーニングすることができます。「読み」「画数」など出題分野もさまざま。

あそんでまなべる九九

デジタルジーン
無料

ゲームのように九九とふれあう

九九を覚えたてのお子さんの練習や復習にも最適なかけ算ゲームアプリ。「2×?=6」や「?×?=6」などで出題されるモードもあり、柔軟に算数脳を鍛えてくれます。

カタン スタンダード版

ジーピー
¥4104

2000万ヒットのドイツのゲーム

無人島を開拓していき、一番繁栄した者が勝利者となる定番のボードゲーム。3～4人で遊びます。ルールは簡単ですが、将棋や囲碁にも通じる戦略的思考の面白さを味わえます。

マインクラフト Windows 10 Edition

Mojang/Microsoft studios
¥3150

ゲームでものづくり体験

立方体のブロックで構築された世界でブロックを破壊したり、探索したりしながらものづくりをしていくゲーム。サンドボックス型ゲームの先駆者的存在。壮大な積み木遊びとも言えます。

ラビリンス

カワダ
¥4320

変化する迷路で宝探し

固定のボードにカードをスライドさせながら、自分の目指す宝物を手に入れ、先に帰り着いたものの勝ち。道順が次々と変化するので、他のプレイヤーとの駆け引きも楽しめます。

ブロックス

マテル
¥3024

フランス発の陣地とりゲーム

自分の色のブロックをより多くボードの上に並べたほうが勝ちの陣地とりゲーム。ブロックの角と角が接するように並べるなどのシンプルなルールで、家族みんなで楽しめます。

Audible
（オーディブル）

Audible
月額1500円

読みたい本を自由に聴ける

20にも及ぶジャンルには、絵本、児童書、歴史など子どもも親しみやすい本がずらり。移動中の車の中など、耳からの読書体験ができます。タイマー機能で寝るときの読み聞かせ代わりにも。

UNO
ウノカードゲーム

マテル
¥1058

老若男女楽しめる定番

配られたカードの手持ちが早くなくなったほうが勝ち！　ゲーム中に出ているカードの同じ色・数字のカードなら出せるというシンプルなルールはおなじみ。最後1枚で「UNO!」。

ワードバスケット

メビウスゲームズ
¥1500

カードを投げ入れながらしりとり

バスケットのなかにある文字ではじまって、手持ちのカードの文字で終わる言葉を考え、その言葉を言いながらカードをバスケットに入れるゲーム。頭の体操になること間違いなし!

7章 ✿ ママのお悩みQ&A

Q 外出先のプレイルームなどで遊んでいて、「帰ろう」というと必ず泣くので困ります。

A 泣いちゃうくらい夢中になれて、よかった！

私なら逆に、帰り際に聞き分けがいいと「それほど楽しくなかったのかな」とがっかりします。帰るのがイヤで泣いてしまうのは、それくらい夢中だったということ。よくおもちゃ売り場で「買って！」と泣きわめいている子がいますが、しつこさや執着力は熱中力の源でもある、歓迎すべきものです。

それは、子どもが本来もっている自然な力なのです。外出先で泣かれると親はしんどいものですが、子どもらしさを発揮しているのだと視点を変えてみましょう。

ただ、「悲しい」「残念」という感情を静めてあげることは大切です。帰りながら、「楽しかったんだね」と共感的に聞いてあげると、気分を切り換えられます。家に帰ったら、「そんなにおもしろかったんなら、今度はいつ行こうか」と、一緒にカレンダーを見て約束するのもいいですね。

仕事から帰宅後、3歳の娘と遊ぶと疲れてイライラ。ダメな母親だなと自己嫌悪を覚えます。

A 「自分はこんなもんです」と開き直るのが一番。

子どもと遊ぶ時間を常に意味あるものにしなくてはいけない、と力み過ぎていないでしょうか。たとえば、子どもとの遊び時間は帰宅後30分というふうに決めて、自分が無理なくやれる時間サイズで向き合えていればよしとしましょう。

遊びの内容についても、オールマイティを目指す必要はありません。絵本の読み聞かせは苦手だけど、おりがみならいくらでもつきあえるというなら、「ママとはおりがみね」と遊びの軸をそれに特化する手もあります。

働いているお母さんは毎日忙しく、心の余裕が失われがちです。だからこそ、「自分はこんなもんです。できる範囲でやってます」というスタンスでいてＯＫ。

本書で紹介した遊びを、親御さんご自身が楽しめそうなものを探す手がかりにしてみてください。

父親が出張がち。週末に一人で子どもを見ることも多く、乗り切るのが大変！

A お子さんをショッピングに誘ってみては？

子どもと二人きりで家にいるかぎり、親御さんが過ごし方を考えなくてはなりません。息苦しくなるのは当然ですから、まず外へ出ることを考えましょう。公園、図書館、スーパーなどなど。どこでも子どもが勝手に遊びを見つけてくれます。

でも、さてどこに行こうかというとき、たとえばお母さんが洋服を買いたければ、子どもにつきあってもらえばいいのです。行ってみたかったカフェで息抜きするのも、友達に会いに行くのでもいいでしょう。「ママ、どの色が似合いそう？」「パンケーキ食べよう、パパには内緒ね」といった会話をして楽しめれば、帰宅後の時間に心のゆとりが生まれます。

つまり、「子育ては、子ども優先で自分は後」という思い込みを一度捨ててみることです。ピンチのときこそ、親御さんは親御さん自身を大切にしてください。

幼稚園でお友達に絵をからかわれたようで、家でもお絵かきをしなくなりました。

A 「ママはあなたの絵が好きだよ」が特効薬です。

きっとこのお子さんは、友達に言われたことでびっくりしただけなのでしょう。こういうときは、「ママはあなたの絵が好きだよ」と伝えてあげましょう。「ほらこのキリンさんの首の角度、すごくリアル！」と、過去にうまくいっていた証拠を見せてあげると、「自信をもちなさい」などと言わなくても真意が伝わります。

これが、外的な要因で好きだったものへの関心がしぼんでしまったときの対応の基本。「家のなかに味方がいるよ」と、教えてあげるのです。

ただ、「うちの子が一番」という視野狭窄（きょうさく）に陥らないように。もしもお子さんが友達の絵と見比べて自信をなくしているようだったら、「あなたのほうがうまいよね」よりも、「へぇ、そのお友達はそういう絵を描くの、それも素敵ね。すごいね！」と認めたうえで、「じゃああなたも練習してみる？」と誘えば向上心につながります。

イヤイヤ期に突入。すんなりお風呂に入ってくれず一日のタイムラインが乱れまくりです！

A 「お風呂とご飯、どっちの気分？」と問いかけを。

「もう〜、早くしないと9時になっちゃう」とイライラするお母さんが目に浮かぶようです。2歳前後から、お風呂や歯磨きなど毎日必ずやることをやらせようとするとイヤイヤが発動。「この服じゃなきゃイヤ」などとこだわりも出てきますね。

そういうとき無理やり行動させるよりも、お風呂に早く入れたいなら、「お風呂とご飯、どっちの気分？」と選択権を渡してみてください。好きなほうを選んでいいとわかった瞬間に目がキラッと輝き、ごきげんに。いつもと順番が違っても、日常のあれこれが楽しい遊びに一転する、そういう日があってもいいでしょう。

幼稚園生くらいになって「今はイヤ」と主張しはじめたら、「じゃあいつやるか決めていいよ」と笑顔で主導権を渡します。「6時になったらやる」などと自分で決めると拍子抜けするほどスムーズに動いてくれるものです。

何か習い事をはじめないと遅れを取る気が……。どんな基準で選べばいいのでしょうか？

A 「何を強めてあげたいか」がポイントです。

習い事をさせないと、後々不利になるとは考えなくて大丈夫です。遅れを取るとしたら習い事が理由ではなく、普段の過ごし方の方針や遊びのメリハリのつけ方に原因があるケースが多数。つまり、子どもが最も吸収する時期に熱中のスイッチが押されているかどうかが前提で、習い事はそのうえで判断していくものです。

取り入れる際は、まずお子さんの一週間をよく見て、何にどれくらい熱中しているかを見つけていきます。「運動、体力面」「創造、芸術面」「知育面」の3つの柱でチェックし、「何を強めてあげたいか」を軸に決めるのがカギ。「みんながやっているから」ではなく、「うちの子にはこれが大切」という視点で見極めて。

そして、継続させるには「親の信念」が不可欠。「将来絶対に必要だから」と親御さんが言い切れる思いは子どもにも伝わり、継続の原動力になります。

Q

最近「なんで?」「どうして?」としつこい。そんなにいろいろ聞かれても答えられません。

A

一つ一つの答えを渡すことより会話を楽しんで。

子どもの「なんで?」は、「こっち見て」「おしゃべりして」。大人は「来た！　答えなきゃ」と身構えがちですが、正しい答えを教えてと言っているわけではないのです。

私の場合は、息子の「なんで攻撃」にはエンドレスで答え続けると決めていました。なぜかというと、多忙な時期だったため、一緒にいられる限られた時間のなかで「君の親はとことんつきあう親なんだよ」と教えたかったからです。

この作戦でいけそうな方は、知識を引っ張り出し、図鑑や辞書やさまざまな書籍を武器にお子さんの疑問に答える形で会話を楽しんでください。

「それはちょっと無理！」という方は、「なんでだろうね」「よく気づいたね！」と子どもと一緒に考えてみましょう。私の気持ちはあなたに向かっていますよ、と伝わることが大切です。会話の遊びととらえましょう。

もうすぐ3歳。そろそろ1人で遊んでくれるとラクなのですが、どうすればできるようになりますか?

A 時計がわかりはじめた頃がチャンスです。

家のなかで一緒に遊んでいるとき、「ママは横にいるけど、ちょっと用事をするから○○ちゃんは1人で遊んでいてね」「隣の部屋でおかたづけして、後でこっち来るね」というふうに、1人にさせる時間を徐々につくっていきます。

最初は寂しくてすぐ寄ってきてしまうかもしれませんが、ずっと1人じゃないとわかると自分なりの過ごし方を考えはじめ、むしろ遊びに熱中する子もいます。

時計がすこしわかってきた子なら、「長い針が6のところにくるまで1人でお絵かきしていてね」という伝え方も有効です。時間という目安ができると、子どもも行動しやすくなるのです。「まだかな」とチラチラ時計を見ることで、時間感覚も同時に養われていきます。こうした幼児期を送っていると、小学校に上がってからも空いた時間を上手に過ごす感覚が身についているはずです。「安心感」がキーワードです。

Q ゲーム機を隠してもすぐ見つけてしまいます。目を盗んで遊ぶのをやめさせる方法は？

A 自分の希望を通す知恵を教えてあげましょう。

大好きなゲームを隠されたら、子どもは絶対に発見したがりますね。それでは「隠し場所探しごっこ」です。というよりも、隠すということは「あなたのことを信用していません」という宣言です。目を盗んで遊びたがる場合、「どうすればあなたのことを信用できるのか教えて」と、正面から子どもに問うてあげてほしいのです。

まずは、「ゲームは1日30分」などルールを決めます。時間が来ても止めようとしないのなら、「どうすれば約束を守れそう？」と質問を投げかけたり、「約束を破られると悲しい」と親御さんの気持ちを言葉で伝えることも大切です。

そしてときには、「今日はお風呂もかたづけも早くできたから、あと15分だけいいよ」と特別タイムをプレゼント。隠れてやらなくても、がんばりしだいで自分の希望を通せることもあるとわかれば、正攻法でトライする知恵を学べます。

反抗的な態度についい、ムカッ! 感情のコントロールができない自分がイヤです。

A 感情的になっている自覚さえあれば、爆発しても大丈夫。

子どもは部下ではないのですから、理性的に怒るというのは無理です。そういうポーズを取ると引っ込みがつかず、小言を言い続ける結果になりがち。「爆発してしまった私はダメ母」と悩む方は多いのですが、冷静であろうとする必要はありません。親だからこそ、感情で怒ってしまうのです。言い過ぎたと思ったら、「今、自分は感情的になっている」という自覚だけもってすぐに謝ればいいだけです。

子どもの反抗的な態度に傷ついているお母さん。「私が今まで厳しくしてきたからだ」と自分を責めなくても大丈夫です。子どもが文句を言うのは、圧倒的に父親よりも母親です。子どもにとって母親は、それだけ関心の割合が高く甘えたい存在なのです。父親からするとうらやましいんですよ。母親に反抗しているときの子どもは「ママ大好き」と言っているようにしか見えませんから。

どんな本を買って来ても読書をしてくれません。本好きになる方法を教えてください。

A たとえ仮面ライダーでも、「読むの速いよね～」です。

本好きにしたいという前に、そもそも本嫌いにさせていませんか。「仮面ライダーの本ばっかり見てないで、こっちを読みなさい」などと、親御さんが自分で選んできた課題図書などを与えていないでしょうか。

自分から本を読む子になるには、親子でたっぷり楽しむ読み聞かせの段階を経ることと、本との幸福な出会いのタイミングが必要です。そして実はもう一つ大事なことがあります。それは、「読めるぞ！」という自信が本人のなかに宿ることです。

「本は嫌い」と言っている子でも、好きなものなら手に取ります。娯楽関連本でもマンガでも、自分から開いて読んでいるのであればその事実をとらえて、「読むの速いよね～」です。するとこのひと言で、「これも読書なんだ」と子どもは驚き、自信が芽生え、ちょっと難しそうな本にも手を伸ばしてみる挑戦心が生まれます。

読みたいという気持ちが生まれたら、本と出会わせてあげるのもポイント。図書館、書店、病院などの本棚、児童館の本棚……。日常のなかにあるさまざまな場所をチェックしてください。どのご家庭にも身近なのが、地域の図書館ですね。絵本、幼年童話、児童書、図鑑など、たくさんの本がこの世の中にあることを実際に見せてあげましょう。小さいうちは幼児図書コーナーでたっぷり本に触れさせてあげ、興味の対象がすこし見えてきたら、「大人コーナー探検」をぜひ。恐竜に関心のある子なら、「大人の本のほうにも恐竜コーナーがあるよ」と声をかけてみます。読めるかどうか、理解できるかどうかではなく、見たがるかどうかで判断。

図書館には、大判写真集や専門書が揃っています。そういう本は、写真などのビジュアルが美しく本格派です。子どもの心は純粋だからこそ、本物に触れると感性が揺さぶられます。子どもからすると、本格的な大人の本が並んでいるコーナーを親御さんと一緒に歩き、本を眺めること自体がワクワクする体験なのです。

また、読み聞かせイベントを行う図書館も増えてきました。同じ年頃の子どもたちの反応が刺激になり興味をもつ可能性もあります。よい本を親がセレクトして与えようなんてがんばらず、子どもと本の自由な出会いを手伝ってあげればいいのです。

おわりに

ここまでお読みいただき、本当にありがとうございます。いかがでしょうか。お子さんと一緒に楽しめる遊びは見つかりましたか？　この本をきっかけに、お子さんとの遊びが一回でも二回でも増えたなら、著者としてとてもうれしいです。

子どもの育つ力を最大限に活かすコツは、遊びと学びを分けないこと。

この真理に私がたどり着けたのは、今から9年前のことです。中学受験指導に関わりはじめてから18年が経っていました。

その間、難関中学への進学を数多くお手伝いさせていただき、2000年に大阪で創設した個別指導教室ＳＳ－１（エスエスワン）も、首都圏、関西圏で厚い支持をいただくようになりました。受験戦略や学習法について、さまざまなメディアからご取材いただくようにもなりました。

また、中学受験指導では直接接することの少ない、低学年の方向けのセミナーも積極的に実施してきました。学習の習慣づくりや、計算・ことばの勉強など、先々の中学受験に備えて、低学年の間からできることはたくさんあるからです。子どもが好む遊びの種類やしぐさから、その子に合った学習スタイルを発見する技術などもお話ししてきました。

しかし、幼児期に子どもたちが自分の可能性をどのように広げ、才能の土台をどのように耕しているのかを私が真に深く理解できるようになったのは、息子を授かってからのことです。

自分の周りにあるものを次々に触っては捨て、また拾っては転がす姿。読めもしない本のページをめくってみたり、箱が空になるまでティッシュを引き出す様子。「いろんなことに興味をもって知っていくんだな～」と眺めていたある日、息子の表情やしぐさの変化からハッと気づいたのです。

「あれ、この子今ものすごい勢いで身の回りのことを学んでるよな。でも、遊んでるよな」と。

2歳のときでした。「遊びと学びを分けない」という真理を、息子から学んだのです。

子育ては、親から子への一方通行ではありません。むしろ、親をやらせてもらうことで、子から教えてもらうことのほうが多いと私は思います。私もどれだけのことを息子から教えてもらったか、数え切れません。妻と息子のやり取りから学んだことも膨大です。

今の私のかなりの部分は、間違いなく息子と妻がつくってくれたものです。

子どもを授かったときから、親子の学びははじまっているのです。ヒト、モノ、キモチ、何に出会っても、子どもの学びの芽は顔を出します。それを親も一緒に楽しむことで、学びの力はぐんぐん育っていきます。

「なぜ?」を繰り返すと本質にたどり着けるといいますが、それ以上に、「楽しいね、おもしろいね」を何千、何万重ねるかを大切にしてほしい。この本を手に取ってくださったあなたには、遊びと学びが一緒になるときの子どものエネルギーを感じてほしい。私は、そう願っています。

笑顔で体と頭を全開で使っているときの子どもの姿ほど、親を元気にしてくれるものはないでしょう。遊びながら学んだ子は、変化の激しい時代の中でもきっと自分で道を見つけていくでしょう。

この本とともに、お子さんといっぱい遊んで、成長を楽しんでください。

いつも学びをくれる、息子と、妻に感謝して。

2017年11月

小川大介

小川大介（おがわ・だいすけ）

教育家。見守る子育て研究所 所長
1973年生まれ。京都大学法学部卒業。学生時代から大手受験予備校、大手進学塾で看板講師として活躍後、社会人プロ講師によるコーチング主体の中学受験専門個別指導塾を創設。子どもそれぞれの持ち味を瞬時に見抜き、本人の強みを生かして短期間の成績向上を実現する独自ノウハウを確立する。塾運営を後進に譲った後は、教育家として講演、人材育成、文筆業と多方面で活動している。6000回の面談で培った洞察力と的確な助言が評判。受験学習はもとより、幼児期からの子どもの能力の伸ばし方や親子関係の築き方に関するアドバイスに定評があり、各メディアで活躍中。『頭がいい子の家のリビングには必ず「辞書」「地図」「図鑑」がある』（すばる舎）、『頭のいい子の親がやっている「見守る」子育て』（KADOKAWA）など著書・監修多数。

You Tubeチャンネル：小川大介の見守る子育て研究所®
https://www.youtube.com/channel/UCIAAel_Mm4fRHHgBsvMDcgw

公式LINE：
https://page.line.me/062twqgg?openQrModal=true

1日3分！
頭がよくなる子どもとの遊びかた

2017年11月25日　第1刷発行
2022年 3 月25日　第5刷発行

著　者　小川大介
発行者　佐藤　靖
発行所　大和書房
〒112-0014　東京都文京区関口1-33-4
電話：03-3203-4511

編集協力　ものの芽企画
制作協力　加藤　彩
ブックデザイン　吉村朋子
イラスト　Igloo*dining*
校正　円水社
本文印刷　信毎書籍印刷
カバー印刷　歩プロセス
製本　小泉製本

ISBN978-4-479-78408-1

http://www.daiwashobo.co.jp